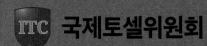

국제토셀위원회

TOSEL®
실전문제집

PRE
STARTER

최신 기출 경향반영 실전모의고사 수록
국제토셀위원회 공식교재

CONTENTS

정답 및 해설 별책

About this book

1 Actual Test

토셀 최신 유형을 반영하여
실전 모의고사를 5회 실었습니다.
수험자들의 토셀 시험 대비 및
적응력 향상에 도움이 됩니다.

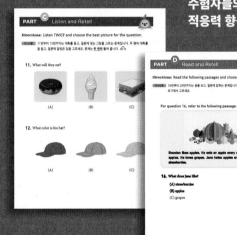
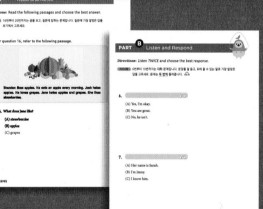

2 Appendix

필수 어휘를 포함해 모의고사
빈출 어휘 목록을 수록했습니다.
평소 어휘 정리뿐만 아니라
시험 직전 대비용으로 활용 가능합니다.

3 Answer

자세한 해설과 문제 풀이로
오답 확인 및 시험 대비를 위한 정리가 가능합니다.

About TOSEL ®

TOSEL은 각급 학교 교과과정과 연령별 인지단계를 고려하여 단계별 난이도와 문항으로
영어 숙달 정도를 측정하는 영어 사용자 중심의 맞춤식 영어능력인증 시험제도입니다.
평가유형에 따른 개인별 장점과 단점을 파악하고, 개인별 영어학습 방향을 제시하는 성적분석자료를 제공하여
영어능력 종합검진 서비스를 제공함으로써 영어 사용자인 소비자와
영어능력 평가를 토대로 영어교육을 담당하는 교사 및 기관 인사관리자인 공급자를
모두 만족시키는 영어능력인증 평가입니다.

TOSEL은 인지적-학문적 언어 사용의 유창성 (Cognitive-Academic Language Proficiency, CALP)과
기본적-개인적 의사소통능력 (Basic Interpersonal Communication Skill, BICS)을
엄밀히 구분하여 수험자의 언어능력을 가장 친밀하게 평가하는 시험입니다.

대상	목적	용도
유아, 초, 중, 고등학생, 대학생 및 직장인 등 성인	한국인의 영어구사능력 증진과 비영어권 국가의 영어 사용자의 영어구사능력 증진	실질적인 영어구사능력 평가 + 입학전형 및 인재선발 등에 활용 및 직무역량별 인재 배치

연혁

2002.02	국제토셀위원회 창설 (수능출제위원역임 전국대학 영어전공교수진 중심)
2004.09	TOSEL 고려대학교 국제어학원 공동인증시험 실시
2006.04	EBS 한국교육방송공사 주관기관 참여
2006.05	민족사관고등학교 입학전형에 반영
2008.12	고려대학교 편입학시험 TOSEL 유형으로 대체
2009.01	서울시 공무원 근무평정에 TOSEL 점수 가산점 부여
2009.01	전국 대부분 외고, 자사고 입학전형에 TOSEL 반영 (한영외국어고등학교, 한일고등학교, 고양외국어고등학교, 과천외국어고등학교, 김포외국어고등학교, 명지외국어고등학교, 부산국제외국어고등학교, 부일외국어 고등학교, 성남외국어고등학교, 인천외국어고등학교, 전북외국어고등학교, 대전외국어고등학교, 청주외국어고등학교, 강원외국어고등학교, 전남외국어고등학교)
2009.12	청심국제중·고등학교 입학전형 TOSEL 반영
2009.12	한국외국어교육학회, 팬코리아영어교육학회, 한국음성학회, 한국응용언어학회 TOSEL 인증
2010.03	고려대학교, TOSEL 출제기관 및 공동 인증기관으로 참여
2010.07	경찰청 공무원 임용 TOSEL 성적 가산점 부여
2014.04	전국 200개 초등학교 단체 응시 실시
2017.03	중앙일보 주관기관 참여
2018.11	관공서, 대기업 등 100여 개 기관에서 TOSEL 반영
2019.06	미얀마 TOSEL 도입 발족식 베트남 TOSEL 도입 협약식
2019.11	고려대학교 편입학전형 반영
2020.06	국토교통부 국가자격시험 TOSEL 반영
2021.07	소방청 간부후보생 선발시험 TOSEL 반영
2021.11	고려대학교 공과대학 기계학습·빅데이터 연구원 AI 연구 협약
2022.05	AI 영어학습 플랫폼 TOSEL Lab 공개
2023.11	고려대학교 경영대학 전국 고등학생 대상 정기캠퍼스 투어 프로그램 후원기관 참여
2024.01	제1회 TOSEL VOCA 올림피아드 실시
2024.03	고려대학교 미래교육원 TOSEL 전문가과정 개설 대한민국 인사혁신처 어학성적 사전등록 토셀 지정

About TOSEL

What's TOSEL?

"Test of Skills in the English Language"

TOSEL은 비영어권 국가의 영어 사용자를 대상으로 영어구사능력을 측정하여
그 결과를 공식 인증하는 영어능력인증 시험제도입니다.

영어 사용자 중심의 맞춤식 영어능력 인증 시험제도

맞춤식 평가

**획일적인 평가에서
세분화된 평가로의 전환**

TOSEL은 응시자의 연령별 인지단계에
따라 별도의 문항과 난이도를 적용하여
평가함으로써 평가의 목적과 용도에
적합한 평가 시스템을
구축하였습니다.

공정성과 신뢰성 확보

국제토셀위원회의 역할

TOSEL은 고려대학교가 출제 및 인증기관
으로 참여하였고 대학입학수학능력시험
출제위원 교수들이 중심이 된
국제토셀위원회가 주관하여
사회적 공정성과 신뢰성을 확보한
평가 제도입니다.

수입대체 효과

외화유출 차단 및 국위선양

TOSEL은 해외시험응시로 인한 외화의
유출을 막는 수입대체의 효과를 기대할 수
있습니다. TOSEL의 문항과 시험제도는
비영어권 국가에 수출하여 국위선양에
기여하고 있습니다.

Evaluation ——————— 평가

평가의 기본원칙

TOSEL은 PBT(Paper Based Test)를 통하여 간접평가와 직접평가를 모두 시행합니다.

TOSEL은 언어의 네 가지 요소인 읽기, 듣기, 말하기, 쓰기 영역을 모두 평가합니다.

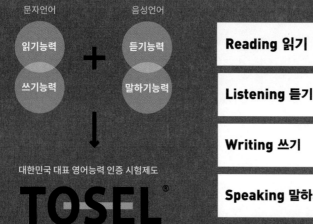

문자언어 — 읽기능력 / 쓰기능력

음성언어 — 듣기능력 / 말하기능력

대한민국 대표 영어능력 인증 시험제도

TOSEL®

Reading 읽기	모든 레벨의 읽기 영역은 직접 평가 방식으로 측정합니다.
Listening 듣기	모든 레벨의 듣기 영역은 직접 평가 방식으로 측정합니다.
Writing 쓰기	모든 레벨의 쓰기 영역은 간접 평가 방식으로 측정합니다.
Speaking 말하기	모든 레벨의 말하기 영역은 간접 평가 방식으로 측정합니다.

TOSEL은 연령별 인지단계를 고려하여 아래와 같이 7단계로 나누어 평가합니다.

1 단계		TOSEL® COCOON	5~7세의 미취학 아동
2 단계		TOSEL® Pre-STARTER	초등학교 1~2학년
3 단계		TOSEL® STARTER	초등학교 3~4학년
4 단계		TOSEL® BASIC	초등학교 5~6학년
5 단계		TOSEL® JUNIOR	중학생
6 단계		TOSEL® HIGH JUNIOR	고등학생
7 단계		TOSEL® ADVANCED	대학생 및 성인

Grade Report

성적표 및 인증서

고도화 성적표: 응시자 개인별 최적화 AI 정밀진단

20여년간 축적된 약 100만명 이상의 엄선된 응시자 빅데이터를 TOSEL AI로 분석 · 진단한 개인별 성적자료

전국 단위 연령, 레벨 통계자료를 활용하여 보다 정밀한 성취 수준 판별
파트별 강/약점, 영역별 역량, 8가지 지능, 단어 수준 등을 비교 및 분석하여 폭넓은 학습 진단
오답 문항 유형별 심층 분석 자료 및 솔루션으로 학습 방향 제시, TOSEL과 수능 및 교과학습 성취기준과의 연계
모바일 기기 지원 – UX/UI 개선, 반응형 웹페이지로 구현되어 태블릿, 휴대폰, PC 등 다양한 기기 환경에서 접근 가능

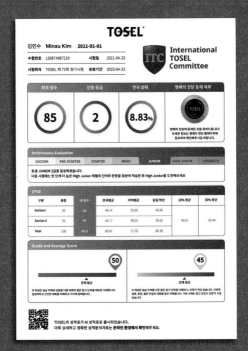

기본 제공 성적표

고도화 성적표 (일부 유료)

단체 성적 분석 자료

단체 및 기관 대상

- 레벨별 평균성적추이, 학생분포
  섹션 및 영역별 평균 점수, 표준편차

TOSEL Lab 지정교육기관 대상 추가 제공

- 원생 별 취약영역 분석 및 보강방안 제시
- TOSEL수험심리척도를 바탕으로 학생의 응답 특이성을
  파악하여 코칭 방안 제시
- 전국 및 지역 단위 종합적 비교분석
  (레벨/유형별 응시자 연령 및 규모, 최고득점 등)

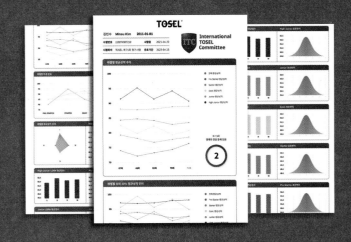

'토셀 명예의 전당' 등재

특별시, 광역시, 도 별 **1등 선발**
(7개시 9개도 **1등 선발**)

*홈페이지 로그인 – 시험결과 – 명예의 전당에서
 해당자 등재 증명서 출력 가능

'학업성취기록부'에 토셀 인증등급 기재

개인별 **'학업성취기록부'** 평생 발급
진학과 취업을 대비한 **필수 스펙관리**

인증서

대한민국 초,중,고등학생의 영어숙달능력 평가 결과 공식인증

고려대학교 인증획득 (2010. 03)

한국외국어교육학회 인증획득 (2009. 12)

한국음성학회 인증획득 (2009. 12)

한국응용언어학회 인증획득 (2009. 11)

팬코리아영어교육학회 인증획득 (2009. 10)

Actual Test 1

QR코드를 인식시키면
음원이 재생됩니다.

Listening and Speaking

Part **(A)** *Listen and Recognize*
5 Questions

Part **(B)** *Listen and Respond*
5 Questions

Part **(C)** *Listen and Retell*
5 Questions

Directions: Listen *TWICE* and choose the most suitable picture.

지시사항 1번부터 3번까지는 영어 단어를 듣고, 그림을 고르는 문제입니다. 문제를 잘 듣고 답을 고르세요. 문제는 **두 번씩** 들려줍니다. 🎧 A

1.

(A)   (B)   (C)

2.

(A)   (B)   (C)

3.

(A)   (B)   (C)

Directions: Listen *TWICE* and choose the right picture.

지시사항 4번과 5번은 짧은 문장을 듣고, 알맞은 그림을 고르는 문제입니다. 문장을 잘 듣고 답을 고르세요. 문제는 **두 번씩** 들려줍니다. 🎧A

4.

(A)   (B)   (C)

5.

(A)   (B)   (C)

Directions: Listen *TWICE* and choose the best response.

지시사항 6번부터 10번까지는 대화 문제입니다. 문장을 잘 듣고, 뒤에 올 수 있는 말로 가장 알맞은 답을 고르세요. 문제는 **두 번씩** 들려줍니다.

6.

(A) Yes, I am.

(B) Yes, I do.

(C) No, I can't.

7.

(A) He is with me.

(B) Yes, that's long.

(C) I have a headache.

8.

(A) It's 25 dollars.

(B) Yes, it was.

(C) It is big.

9.

(A) Yes, I am.

(B) No, I don't.

(C) Yes, I can.

10.

(A) It's windy.

(B) It's 7 o'clock.

(C) It's Sunday.

Directions: Listen *TWICE* and choose the best picture for the question.

지시사항 　11번부터 15번까지는 대화를 듣고, 질문에 맞는 그림을 고르는 문제입니다. 두 명의 대화를 잘 듣고, 질문에 알맞은 답을 고르세요. 문제는 **두 번씩** 들려 줍니다.

11. What will they eat?

  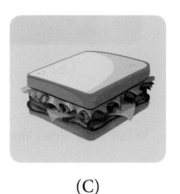

　　　(A)　　　　　　　　　　(B)　　　　　　　　　　(C)

12. What color is his hat?

　　　(A)　　　　　　　　　　(B)　　　　　　　　　　(C)

13. What is Sam doing?

(A) (B) (C)

14. What time does the boy get up?

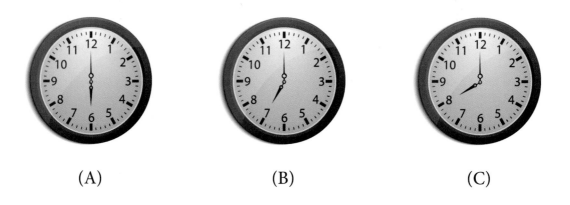

(A) (B) (C)

15. How many pencils does the girl have?

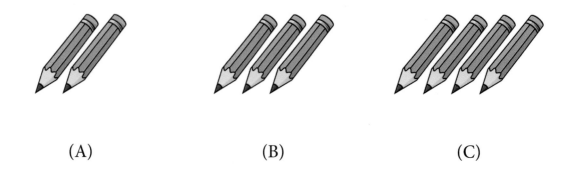

(A) (B) (C)

Section II

Reading and Writing

Part *Spell the Words*

5 Questions

Part *Look and Recognize*

5 Questions

Part *Look and Respond*

5 Questions

Part *Read and Retell*

5 Questions

Directions: Read the words and choose the best letter for each blank.

지시사항 1번에서 2번까지는 빈칸을 알맞게 채워 단어를 완성하는 문제입니다. 가장 알맞은 답을 고르세요.

1.

b___ nana

(A) a

(B) o

(C) i

2.

___ lower

(A) d

(B) f

(C) p

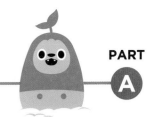
Directions: Look at the pictures and choose the correctly spelled word.

지시사항 3번부터 5번까지는 그림을 보고, 단어의 철자를 바르게 나열한 것을 고르는 문제입니다.

3.

(A) wuler

(B) relur

(C) ruler

4.

(A) doctor

(B) boktor

(C) dokter

5.

(A) diger

(B) tiger

(C) teager

Directions: Look at the picture and choose the sentence which best describes the picture.

지시사항 6번부터 10번까지는 그림을 보고, 그림이 묘사하고 있는 상황에 맞는 영어 문장을 고르는 문제입니다.

6.

(A) The boy is eating.

(B) The boy is running.

(C) The boy is studying.

7.

(A) A cat is in the box.

(B) A cat is on the box.

(C) A cat is under the box.

8.

(A) The boy is doing his homework.

(B) The boy is listening to music.

(C) The boy is reading a book.

9.

(A) She is eating.

(B) She is sleeping.

(C) She is walking.

10.

(A) They are in the library.

(B) They are in the restaurant.

(C) They are in the park.

Directions: Look at the picture and choose the best answer to the question.

지시사항 11번부터 15번까지는 그림을 보고, 질문에 답하는 문제입니다. 질문에 가장 알맞은 답을 보기에서 고르세요.

11.

Q: What is the boy doing?

(A) He is playing basketball.

(B) He is playing baseball.

(C) He is playing soccer.

12.

Q: How is the weather?

(A) It's windy.

(B) It's raining.

(C) It's snowing.

13.

Q: What time is it now?

    (A) It's two fifty.

    (B) It's two thirty-five.

    (C) It's two fifteen.

14.

Q: How does he feel?

    (A) He is tired.

    (B) He is angry.

    (C) He is happy.

15.

Q: What is she doing?

    (A) She is playing the piano.

    (B) She is playing the violin.

    (C) She is playing the cello.

Directions: Read the following passages and choose the best answer.

지시사항 16번부터 20번까지는 글을 보고, 질문에 답하는 문제입니다. 질문에 가장 알맞은 답을 보기에서 고르세요.

For question 16, refer to the following passage.

Tim has a cat. Sam is his brother. He has a dog. He likes his pet dog. Sue is Tim's sister. She has a hamster. She loves her hamster.

16. Who has a dog?

(A) Tim

(B) Sam

(C) Sue

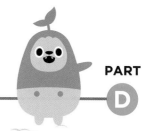

For questions 17~18, refer to the following passage.

I have many friends. My friend Dan runs fast. He runs every morning. Mary sings well. She wants to be a singer. Amy likes animals. She wants to be a vet. I love my friends.

17. What does Dan do every morning?

(A) He runs every morning.

(B) He dances every morning.

(C) He sings every morning.

18. Who wants to be a vet?

(A) Mary

(B) Dan

(C) Amy

For questions 19~20, refer to the following passage.

My mom is a teacher. She teaches math. My dad is a doctor. He works at the hospital. My brother Dan is 5 years old. He is cute. I love my family.

19. What does her dad do?

(A) He is a doctor.

(B) He is a police officer.

(C) He is a teacher.

20. How old is Dan?

(A) He is three years old.

(B) He is five years old.

(C) He is seven years old.

Actual Test 2

QR코드를 인식시키면
음원이 재생됩니다.

Listening and Speaking

Part **A** *Listen and Recognize*
5 Questions

Part **B** *Listen and Respond*
5 Questions

Part **C** *Listen and Retell*
5 Questions

Directions: Listen *TWICE* and choose the most suitable picture.

지시사항 1번부터 3번까지는 영어 단어를 듣고, 그림을 고르는 문제입니다. 문제를 잘 듣고 답을 고르세요. 문제는 **두 번씩** 들려줍니다.

1.

(A)   (B)   (C)

2.

(A)   (B)   (C)

3.

(A)   (B)   (C)

Directions: Listen *TWICE* and choose the right picture.

지시사항 4번과 5번은 짧은 문장을 듣고, 알맞은 그림을 고르는 문제입니다. 문장을 잘 듣고 답을 고르세요. 문제는 **두 번씩** 들려줍니다.

4.

(A)   (B)   (C)

5.

(A)   (B)   (C)

PART **B** Listen and Respond

Directions: Listen *TWICE* and choose the best response.

지시사항 6번부터 10번까지는 대화 문제입니다. 문장을 잘 듣고, 뒤에 올 수 있는 말로 가장 알맞은 답을 고르세요. 문제는 **두 번씩** 들려줍니다.

6. 🎧

(A) Yes, I am.

(B) I am fine, thanks.

(C) My name is Sue.

7. 🎧

(A) Yes, I do.

(B) No, I am not.

(C) Yes, I am.

8.

(A) I have a cold.

(B) I am a student.

(C) My name is Amy.

9.

(A) Yes, I am.

(B) No, I don't.

(C) Yes, I can.

10.

(A) I am seven years old.

(B) I am John.

(C) You are old.

PART C   Listen and Retell

Directions: Listen *TWICE* and choose the best picture for the question.

지시사항   11번부터 15번까지는 대화를 듣고, 질문에 맞는 그림을 고르는 문제입니다. 두 명의 대화를 잘 듣고, 질문에 알맞은 답을 고르세요. 문제는 **두 번씩** 들려 줍니다.

11. How many dogs does the girl have?

(A)   (B)   (C)

12. What color is the boy's bag?

(A)   (B)   (C)

13. What does the girl's father do?

(A)   (B)   (C)

14. What time does the boy go to school?

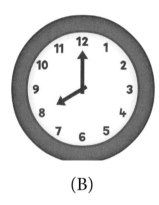

(A)   (B)   (C)

15. Where is Sue?

(A)   (B)   (C)

Section II

Reading and Writing

Directions: Read the words and choose the best letter for each blank.

지시사항   1번에서 2번까지는 빈칸을 알맞게 채워 단어를 완성하는 문제입니다. 가장 알맞은 답을 고르세요.

1.

tr___ e

(A) i

(B) e

(C) u

2.

___ atermelon

(A) v

(B) w

(C) b

Directions: Look at the pictures and choose the correctly spelled word.

지시사항 3번부터 5번까지는 그림을 보고, 단어의 철자를 바르게 나열한 것을 고르는 문제입니다.

3.

(A) rion

(B) leon

(C) lion

4.

(A) pensel

(B) pencil

(C) fensil

5.

(A) student

(B) stedent

(C) studant

Directions: Look at the picture and choose the sentence which best describes the picture.

지시사항 6번부터 10번까지는 그림을 보고, 그림이 묘사하고 있는 상황에 맞는 영어 문장을 고르는 문제입니다.

6.

(A) There is a book on the desk.

(B) There is a book next to the desk.

(C) There is a book under the desk.

7.

(A) The boy is walking.

(B) The boy is drinking.

(C) The boy is eating.

8.

(A) They are in the kitchen.

(B) They are in the living room.

(C) They are in the yard.

9.

(A) The girl is running.

(B) The girl is dancing.

(C) The girl is cooking.

10.

(A) He is watching TV.

(B) He is walking his dog.

(C) He is listening to music.

Directions: Look at the picture and choose the best answer to the question.

지시사항 11번부터 15번까지는 그림을 보고, 질문에 답하는 문제입니다. 질문에 가장 알맞은 답을 보기에서 고르세요.

11.

Q: How does she feel?

(A) She is happy.

(B) She is tired.

(C) She is angry.

12.

Q: What is the boy doing?

(A) He is playing the piano.

(B) He is playing the cello.

(C) He is playing the flute.

13.

Q: What is he doing?

   (A) He is playing tennis.

   (B) He is skiing.

   (C) He is kicking a ball.

14.

Q: What is he doing?

   (A) He is washing his face.

   (B) He is eating dinner.

   (C) He is running a race.

15.

Q: What is the weather like?

   (A) It's windy.

   (B) It's snowy.

   (C) It's rainy.

Directions: Read the following passages and choose the best answer.

지시사항 16번부터 20번까지는 글을 보고, 질문에 답하는 문제입니다. 질문에 가장 알맞은 답을 보기에서 고르세요.

For question 16, refer to the following passage.

Andy goes to school by bike. Andy's friend Sarah walks to school. Beth is Sarah's sister. She goes to school by bus.

16. How does Beth go to school?

(A) on foot

(B) by bus

(C) by bike

For questions 17~18, refer to the following passage.

I am Jose. My father teaches science at school. My mother is a nurse. My uncle is a cook. I want to be a cook like him. My aunt is a vet. She likes animals.

17. What does Jose's mother do?

(A) She is a teacher.

(B) She is a vet.

(C) She is a nurse.

18. What does Jose want to be?

(A) a teacher

(B) a cook

(C) a vet

For questions 19~20, refer to the following passage.

I have three brothers. Tom is 13 years old. He plays basketball every day. Sam is 11 years old, and he likes baseball. Jim is 9 years old. Jim likes swimming.

19. What does Tom do everyday?

(A) plays basketball

(B) goes swimming

(C) plays baseball

20. Who likes swimming?

(A) Tom

(B) Sam

(C) Jim

Actual Test 3

QR코드를 인식시키면
음원이 재생됩니다.

Section I

Listening and Speaking

Part **A** *Listen and Recognize*
5 Questions

Part **B** *Listen and Respond*
5 Questions

Part **C** *Listen and Retell*
5 Questions

Directions: Listen *TWICE* and choose the most suitable picture.

지시사항 1번부터 3번까지는 영어 단어를 듣고, 그림을 고르는 문제입니다. 문제를 잘 듣고 답을 고르세요. 문제는 **두 번씩** 들려줍니다. 🎧A

1.

(A)   (B)   (C)

2.

(A)   (B)   (C)

3.

(A)   (B)   (C)

Directions: Listen *TWICE* and choose the right picture.

지시사항 4번과 5번은 짧은 문장을 듣고, 알맞은 그림을 고르는 문제입니다. 문장을 잘 듣고 답을 고르세요. 문제는 **두 번씩** 들려줍니다.

4.

(A)

(B)

(C)

5.

(A)

(B)

(C)

Directions: Listen *TWICE* and choose the best response.

> 지시사항   6번부터 10번까지는 대화 문제입니다. 문장을 잘 듣고, 뒤에 올 수 있는 말로 가장 알맞은 답을 고르세요. 문제는 **두 번씩** 들려줍니다.

6.

(A) No, thanks.

(B) I'm eight years old.

(C) I'm good.

7.

(A) Yes, she is.

(B) Why are you angry?

(C) No, I'm not angry.

8.

(A) No, I'm not.

(B) No, I don't.

(C) No, I can't.

9.

(A) I like cold water.

(B) Not really.

(C) It's a cool bag.

10.

(A) I have violin lessons.

(B) I want to sleep.

(C) I go there by bus.

PART C · Listen and Retell

Directions: Listen *TWICE* and choose the best picture for the question.

지시사항 11번부터 15번까지는 대화를 듣고, 질문에 맞는 그림을 고르는 문제입니다. 두 명의 대화를 잘 듣고, 질문에 알맞은 답을 고르세요. 문제는 **두 번씩** 들려 줍니다.

11. What color are the boy's glasses?

(A)　　　　　　　(B)　　　　　　　(C)

12. Who is Annie?

(A)　　　　　　　(B)　　　　　　　(C)

13. How many pieces of candy does the girl have?

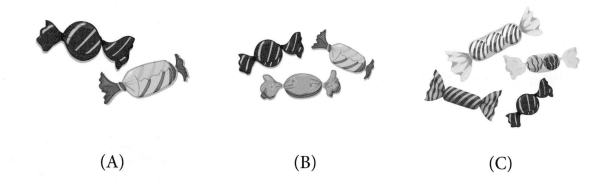

(A)   (B)   (C)

14. What time does the boy get up?

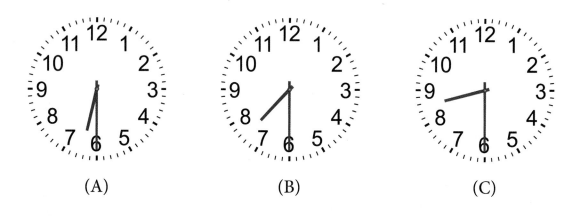

(A)   (B)   (C)

15. Where is James?

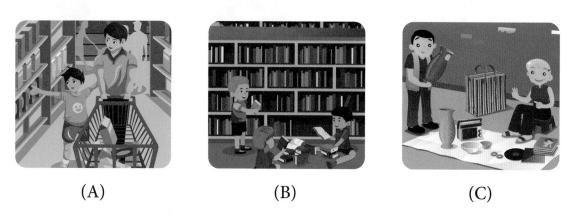

(A)   (B)   (C)

Section II

Reading and Writing

Directions: Read the words and choose the best letter for each blank.

지시사항 1번에서 2번까지는 빈칸을 알맞게 채워 단어를 완성하는 문제입니다. 가장 알맞은 답을 고르세요.

1.

b__ rd

(A) i

(B) e

(C) u

2.

sq__ irrel

(A) a

(B) o

(C) u

Directions: Look at the pictures and choose the correctly spelled word.

지시사항   3번부터 5번까지는 그림을 보고, 단어의 철자를 바르게 나열한 것을 고르는 문제입니다.

3.

(A) firefiter

(B) pirefighter

(C) firefighter

4.

(A) baceball

(B) baseball

(C) beseball

5.

(A) chair

(B) chiar

(C) chaer

Directions: Look at the picture and choose the sentence which best describes the picture.

지시사항 6번부터 10번까지는 그림을 보고, 그림이 묘사하고 있는 상황에 맞는 영어 문장을 고르는 문제입니다.

6.

(A) She is angry.

(B) She is sleepy.

(C) She is happy.

7.

(A) He is in the restroom.

(B) He is in the yard.

(C) He is in the living room.

8.

(A) They are walking.

(B) They are watching TV.

(C) They are sleeping.

9.

(A) The card is on the chair.

(B) The card is under the desk.

(C) The card is in the bag.

10.

(A) They play jump rope.

(B) They play badminton.

(C) They play basketball.

Directions: Look at the picture and choose the best answer to the question.

지시사항 11번부터 15번까지는 그림을 보고, 질문에 답하는 문제입니다. 질문에 가장 알맞은 답을 보기에서 고르세요.

11.

Q: How's the weather?

(A) It's chilly.

(B) It's foggy.

(C) It's sunny.

12.

Q: What is the girl doing?

(A) She is exercising.

(B) She is playing the guitar.

(C) She is playing tennis.

13.

Q: What are they doing?

    (A) They are singing.

    (B) They are running.

    (C) They are drawing.

14.

Q: What is he doing?

    (A) He is taking a picture.

    (B) He is hiking on the mountain.

    (C) He is looking at a picture.

15.

Q: What time is it now?

    (A) It's one thirty.

    (B) It's one thirteen.

    (C) It's three ten.

Directions: Read the following passages and choose the best answer.

지시사항 16번부터 20번까지는 글을 보고, 질문에 답하는 문제입니다. 질문에 가장 알맞은 답을 보기에서 고르세요.

For question 16, refer to the following passage.

Branden likes apples. He eats an apple every morning. Josh hates apples. He loves grapes. Jane hates apples and grapes. She likes strawberries.

16. What does Jane like?

(A) strawberries

(B) apples

(C) grapes

For questions 17~18, refer to the following passage.

My name is Kelly. I have three best friends. We are in the same class. Sally is really tall. Sarah has long hair. Kate is very thin and cute.

17. Who has long hair?

(A) Sally

(B) Sarah

(C) Kate

18. What does Sally look like?

(A) thin

(B) tall

(C) cute

For questions 19~20, refer to the following passage.

My name is Emily. I have a big family. My grandfather and grandmother live with me. They are teachers, and my dad is a businessman. My mom likes baking. I also have two brothers and a sister.

19. Who likes baking?

(A) Mom

(B) Dad

(C) Grandmother

20. What does Dad do?

(A) He is a teacher.

(B) He is a baker.

(C) He is a businessman.

Actual Test 4

QR코드를 인식시키면
음원이 재생됩니다.

Section I

Listening and Speaking

Part **A** *Listen and Recognize*
5 Questions

Part **B** *Listen and Respond*
5 Questions

Part **C** *Listen and Retell*
5 Questions

Directions: Listen *TWICE* and choose the most suitable picture.

지시사항 1번부터 3번까지는 영어 단어를 듣고, 그림을 고르는 문제입니다. 문제를 잘 듣고 답을 고르세요. 문제는 **두 번씩** 들려줍니다. 🎧

1.

(A)   (B)   (C)

2.

(A)   (B)   (C)

3.

(A)   (B)   (C)

Directions: Listen *TWICE* and choose the right picture.

지시사항 4번과 5번은 짧은 문장을 듣고, 알맞은 그림을 고르는 문제입니다. 문장을 잘 듣고 답을 고르세요. 문제는 **두 번씩** 들려줍니다.

4.

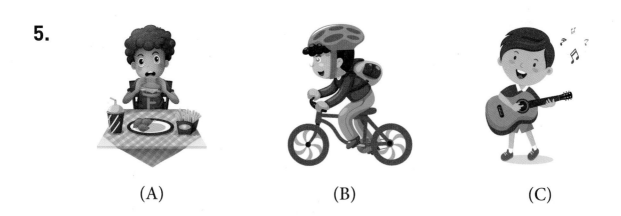

(A)　　　　　　(B)　　　　　　(C)

5.

(A)　　　　　　(B)　　　　　　(C)

Directions: Listen *TWICE* and choose the best response.

지시사항 6번부터 10번까지는 대화 문제입니다. 문장을 잘 듣고, 뒤에 올 수 있는 말로 가장 알맞은 답을 고르세요. 문제는 **두 번씩** 들려줍니다.

6.

(A) It's okay.

(B) Yes, here it is.

(C) Yes, I do.

7.

(A) She is my sister.

(B) She is cooking.

(C) She is sad.

8. 🎧

(A) Yes, she is.

(B) Yes, he is.

(C) Yes, there is.

9. 🎧

(A) Yes, it is.

(B) She is from Japan.

(C) It's a pen.

10. 🎧

(A) He is a singer.

(B) My hobby is baseball.

(C) I'm very good.

Directions: Listen *TWICE* and choose the best picture for the question.

지시사항 11번부터 15번까지는 대화를 듣고, 질문에 맞는 그림을 고르는 문제입니다. 두 명의 대화를 잘 듣고, 질문에 알맞은 답을 고르세요. 문제는 **두 번씩** 들려 줍니다.

11. When does the boy go to school?

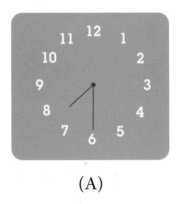
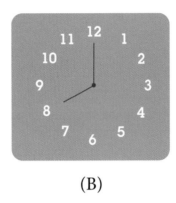
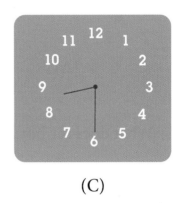

(A)   (B)   (C)

12. Where is the girl going to?

(A)   (B)   (C)

13. How much is the colored pencil?

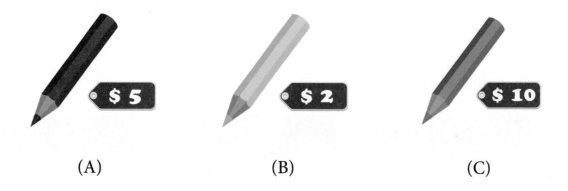

(A)   (B)   (C)

14. What does the boy like?

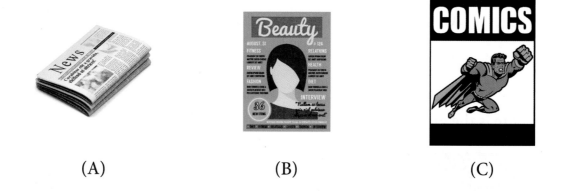

(A)   (B)   (C)

15. What color is the balloon?

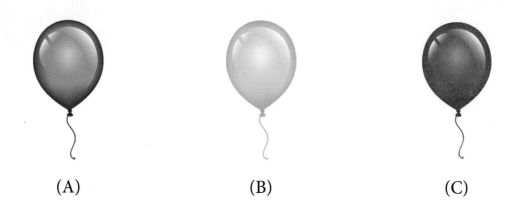

(A)   (B)   (C)

Section II

Reading and Writing

Part **A** *Spell the Words*
5 Questions

Part **B** *Look and Recognize*
5 Questions

Part **C** *Look and Respond*
5 Questions

Part **D** *Read and Retell*
5 Questions

Directions: Read the words and choose the best letter for each blank.

지시사항 1번에서 2번까지는 빈칸을 알맞게 채워 단어를 완성하는 문제입니다. 가장 알맞은 답을 고르세요.

1.

ch__rch

(A) a

(B) i

(C) u

2.

pen__uin

(A) g

(B) q

(C) p

Directions: Look at the pictures and choose the correctly spelled word.

지시사항 3번부터 5번까지는 그림을 보고, 단어의 철자를 바르게 나열한 것을 고르는 문제입니다.

3.

(A) waret

(B) wallet

(C) waalt

4.

(A) sbway

(B) sebwey

(C) subway

5.

(A) guitar

(B) tuigar

(C) gtarui

Directions: Look at the picture and choose the sentence which best describes the picture.

지시사항 6번부터 10번까지는 그림을 보고, 그림이 묘사하고 있는 상황에 맞는 영어 문장을 고르는 문제입니다.

6.

(A) He is playing basketball.

(B) He is playing baseball.

(C) He is playing volleyball.

7.

(A) He is in the kitchen.

(B) He is in the living room.

(C) He is in the bathroom.

8.

(A) The sofa is under the table.

(B) The sofa is next to the table.

(C) The sofa is on the table.

9.

(A) She is playing the flute.

(B) She is playing the cello.

(C) She is playing the harp.

10.

(A) The girl is washing.

(B) The girl is yawning.

(C) The girl is laughing.

Directions: Look at the picture and choose the best answer to the question.

지시사항 11번부터 15번까지는 그림을 보고, 질문에 답하는 문제입니다. 질문에 가장 알맞은 답을 보기에서 고르세요.

11.

Q: What day is it today?

(A) It's Tuesday.

(B) It's Thursday.

(C) It's Friday.

12.

Q: What is he wearing?

(A) He is wearing gloves.

(B) He is wearing glasses.

(C) He is wearing a backpack.

13.

Q: What is she doing?

    (A) She is washing her face.

    (B) She is cleaning the house.

    (C) She is closing the window.

14.

Q: What are they doing?

    (A) They are throwing balls.

    (B) They are painting pictures.

    (C) They are jumping rope.

15.

Q: How's the weather outside?

    (A) It's raining.

    (B) It's sunny.

    (C) It's snowing.

Directions: Read the following passages and choose the best answer.

For question 16, refer to the following passage.

This is my friend, Oliver. He lives in my neighborhood. We go to the same school. He wants to become a scientist. He studies science very hard.

16. What does Oliver want to become?

(A) a police

(B) a scientist

(C) a teacher

For questions 17~18, refer to the following passage.

My name is Charlie. I live with my two cousins. They are William and Daniel. William has brown hair, and he is short. Daniel is chubby, and he likes yellow T-shirts.

17. What color is William's hair?

(A) brown

(B) black

(C) gray

18. Who likes to wear a yellow T-shirt?

(A) Daniel

(B) Charlie

(C) William

For questions 19~20, refer to the following passage.

My name is Isabelle. I go to the theater every Sunday. I go there with my mother and father. My father likes action movies. My mother does not like action movies. She likes cartoons.

19. Who likes action movies?

(A) Isabelle

(B) Isabelle's father

(C) Isabelle's mother

20. What movies does Isabelle's mother like?

(A) romantic movies

(B) action movies

(C) cartoons

Actual Test

QR코드를 인식시키면
음원이 재생됩니다.

Section I

Listening and Speaking

Part **A** *Listen and Recognize*

5 Questions

Part **B** *Listen and Respond*

5 Questions

Part **C** *Listen and Retell*

5 Questions

Directions: Listen *TWICE* and choose the most suitable picture.

1번부터 3번까지는 영어 단어를 듣고, 그림을 고르는 문제입니다. 문제를 잘 듣고 답을 고르세요. 문제는 **두 번씩** 들려줍니다.

1.

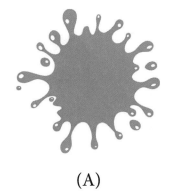   

(A)   (B)   (C)

2.

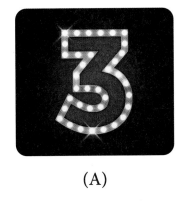   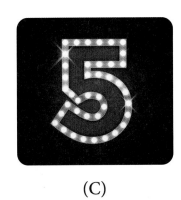

(A)   (B)   (C)

3.

(A)   (B)   (C)

Directions: Listen *TWICE* and choose the right picture.

지시사항 4번과 5번은 짧은 문장을 듣고, 알맞은 그림을 고르는 문제입니다. 문장을 잘 듣고 답을 고르세요. 문제는 **두 번씩** 들려줍니다.

4.

(A)   (B)   (C)

5.

(A)   (B)   (C)

Directions: Listen *TWICE* and choose the best response.

> **지시사항** 6번부터 10번까지는 대화 문제입니다. 문장을 잘 듣고, 뒤에 올 수 있는 말로 가장 알맞은 답을 고르세요. 문제는 **두 번씩** 들려줍니다. 🎧B

6.

(A) Yes, I'm okay.

(B) You are great.

(C) No, he isn't.

7.

(A) Her name is Sarah.

(B) I'm Jenny.

(C) I know him.

8.

(A) She is your mom.

(B) She is 7 years old.

(C) She is a nurse.

9.

(A) Yes, I do.

(B) Yes, I can.

(C) Yes, I am.

10.

(A) I'm 8 years old, too.

(B) I'm great, thanks.

(C) I'm sick today.

Directions: Listen *TWICE* and choose the best picture for the question.

지시사항 11번부터 15번까지는 대화를 듣고, 질문에 맞는 그림을 고르는 문제입니다. 두 명의 대화를 잘 듣고, 질문에 알맞은 답을 고르세요. 문제는 **두 번씩** 들려 줍니다.

11. What is the girl making?

(A)

(B)

(C)

12. Who is Kevin?

(A)

(B)

(C)

13. What time does the boy go to bed?

 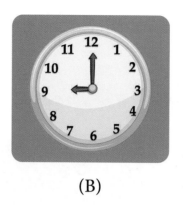 

(A)   (B)   (C)

14. Where is Jessie?

(A)   (B)   (C)

15. How is the weather?

(A)   (B)   (C)

Section II

Reading and Writing

Directions: Read the words and choose the best letter for each blank.

지시사항 1번에서 2번까지는 빈칸을 알맞게 채워 단어를 완성하는 문제입니다. 가장 알맞은 답을 고르세요.

1.

__ rain

(A) t

(B) v

(C) p

2.

j__ ans

(A) a

(B) o

(C) e

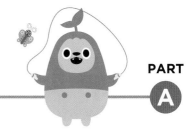
Directions: Look at the pictures and choose the correctly spelled word.

지시사항 3번부터 5번까지는 그림을 보고, 단어의 철자를 바르게 나열한 것을 고르는 문제입니다.

3.

(A) dolphin

(B) dolfin

(C) dolphen

4.

(A) basketball

(B) baskitball

(C) baskatball

5.

(A) kitchen

(B) kitchan

(C) kichen

Directions: Look at the picture and choose the sentence which best describes the picture.

지시사항 6번부터 10번까지는 그림을 보고, 그림이 묘사하고 있는 상황에 맞는 영어 문장을 고르는 문제입니다.

6.

(A) He is sick.

(B) He is angry.

(C) He is happy.

7.

(A) He is in the bedroom.

(B) He is in the classroom.

(C) He is in the bathroom.

8.

(A) They are singing songs.

(B) They are drawing animals.

(C) They are listening to music.

9.

(A) The ball is on the bag.

(B) The ball is under the seesaw.

(C) The ball is in the hat.

10.

(A) She is reading a book.

(B) She is writing a letter.

(C) She is speaking out loud.

Directions: Look at the picture and choose the best answer to the question.

지시사항 11번부터 15번까지는 그림을 보고, 질문에 답하는 문제입니다. 질문에 가장 알맞은 답을 보기에서 고르세요.

11.

Q: What month is it today?

(A) It's May.

(B) It's June.

(C) It's July.

12.

Q: What is he doing?

(A) He is playing the cello.

(B) He is playing the piano.

(C) He is playing the drums.

13.

Q: What are they doing?

  (A) They are iceskating.

  (B) They are snowboarding.

  (C) They are skiing.

14.

Q: What is she doing?

  (A) She is washing her hands.

  (B) She is washing her face.

  (C) She is washing her feet.

15.

Q: What time is it now?

  (A) It's three thirty.

  (B) It's four thirty.

  (C) It's five thirty.

Directions: Read the following passages and choose the best answer.

지시사항 16번부터 20번까지는 글을 보고, 질문에 답하는 문제입니다. 질문에 가장 알맞은 답을 보기에서 고르세요.

For question 16, refer to the following passage.

Anna loves dancing ballet. She goes to her lesson every Monday. Daniel has guitar lessons on Tuesdays. Playing the guitar is his hobby. He is happy on Tuesdays.

16. What is Daniel's hobby?

(A) doing ballet

(B) playing the guitar

(C) playing soccer

For questions 17~18, refer to the following passage.

It is my birthday today. My birthday is in November. I have a baby sister, Dora. Her birthday is in May. She is only 6 months old.

17. What month is it?

(A) It's May.

(B) It's October.

(C) It's November.

18. How old is Dora?

(A) six months old

(B) sixteen months old

(C) six years old

For questions 19~20, refer to the following passage.

My name is Steve. My school ends at 1 o'clock. After school, I play on the seesaw with John. Emily likes playing on the slide. We all play on the swings together.

19. Who plays on the slide?

(A) Steve

(B) John

(C) Emily

20. What time does school end?

(A) 1 o'clock

(B) 2 o'clock

(C) 3 o'clock

Appendix

A

after	prep. ~ 후에
airplane	n. 비행기
angry	adj. 화난
animal	n. 동물
apple	n. 사과
art	n. 예술, 미술
aunt	n. 이모, 숙모, 고모

B

baby	n. 아기
backpack	n. 배낭
badminton	n. 배드민턴
bag	n. 가방
baker	n. 제빵사
bakery	n. 빵집, 베이커리
ball	n. 공
ballet	n. 발레(춤)

balloon	n. 풍선
banana	n. 바나나
baseball	n. 야구, 야구공
basketball	n. 농구, 농구공
bathroom	n. 욕실, 화장실
beach	n. 해변, 바닷가
beautiful	adj. 아름다운
best	adj. 최고의
bicycle	n. 자전거
big	adj. 큰
bike	n. 자전거
bird	n. 새
birthday	n. 생일
blue	n. 파란색; adj.파란색의
book	n. 책
bookstore	n. 서점
boring	adj. 지루한

box	n. 상자	chilly	adj. 날씨가 쌀쌀한, 서늘한
bread	n. 빵	chubby	adj. 통통한
brother	n. 형, 오빠, 남동생	church	n. 교회
brown	n. 갈색 ; adj. 갈색의	circle	n. 원
build	v. 만들다, 세우다	class	n. 학급, 반
bus	n. 버스	classroom	n. 교실
businessman	n. 사업가	clean	v. 치우다, 청소하다
butterfly	n. 나비	coke	n. 콜라

C

		cold	adj. 차가운, 추운
candy	n. 사탕	colored pencil	n. 색연필
car	n. 승용차	comic book	n. 만화책
cartoon	n. 만화	computer	n. 컴퓨터
cat	n. 고양이	cook	v. 요리하다
catch	v. 잡다	cousin	n. 사촌
cello	n. 첼로	crayon	n. 크레용
chair	n. 의자	cry	v. 울다
chef	n. 요리사	cute	adj. 귀여운

D

dance	v. 춤추다
delicious	adj. 맛있는
desk	n. 책상
dinner	n. 저녁
do one's homework	숙제를 하다
doctor	n. 의사
dog	n. 개
dollar	$ 달러(미국의 화폐 단위)
dolphin	n. 돌고래
draw	v. 그리다
drink	v. 마시다
duck	n. 오리

E

eat	v. 먹다
elephant	n. 코끼리
end	v. 끝나다
English	n. 영어
eraser	n. 지우개
exercise	v. 운동하다

F

face	n. 얼굴
fall	n. 가을; v. 떨어지다
family	n. 가족
fast	ad. 빨리; adj. 빠른
February	n. 2월
feel	v. 느끼다
firefighter	n. 소방관
fish	n. 물고기
flower	n. 꽃
fly	n. 파리; v. 날다
foggy	adj. 안개가 낀
food	n. 음식
foot(pl.feet)	n. 발

Friday	n. 금요일
friend	n. 친구

G

garden	n. 정원
get up	일어나다
gift	n. 선물
giraffe	n. 기린
glasses	n. 안경
glove	n. 장갑
go	v. 가다
go to bed	자다
goat	n. 염소
grandfather	n. 할아버지
grandmother	n. 할머니
grape	n. 포도
great	adj. 엄청난
green	n. 초록색

guitar	n. 기타

H

hair	n. 머리(털), 털
hamburger	n. 햄버거
hand	n. 손
happy	adj. 행복한
hard	ad. 열심히; adj.힘든, 어려운
hat	n. 모자
hate	v. 싫어하다
have a cold	감기에 걸리다
have a headache	머리가 아프다
height	n. 키, 높이
help	v. 돕다
here	ad. 여기에
hike	v. 등산하다, 도보 여행을 하다
hobby	n. 취미
hospital	n. 병원

how many	몇 개, 몇 명	ladybug	n. 무당벌레
I		lake	n. 호수
in	prep. ~ 안에	laugh	v. 웃다
J		lesson	n. 수업
Japan	n. 일본	letter	n. 편지
jeans	n. 청바지	library	n. 도서관
juice	n. 주스	like	v. 좋아하다
July	n. 7월	lion	n. 사자
jump	v. 뛰다, 점프하다	living room	n. 거실
jump rope	줄넘기; 줄넘기를 하다	long	adj. 긴
June	n. 6월	loud	adj. (소리가) 큰, 시끄러운
K		love	v. 사랑하다
kick	v. 차다	**M**	
kitchen	n. 부엌	make	v. 만들다
kite	n. 연	market	n. 시장
know	v. 알다	math	n. 수학
L		May	n. 5월

mirror	n. 거울	on foot	걸어서
month	n. (일년 열두달 중 한) 달, 월	outside	ad. 밖에
morning	n. 아침	oval	n. 타원형
mountain	n. 산	**P**	
movie	n. 영화	paint	v. 색칠하다, 칠하다
music	n. 음악	pants	n. 바지
N		park	n. 공원
neighborhood	n. 근처, 인근, 이웃	peach	n. 복숭아
next to	~ 옆에	pencil	n. 연필
November	n. 11월	penguin	n. 펭귄
nurse	n. 간호사	pet	n. 애완동물
O		picture	n. 그림, 사진
o'clock	~시(정각에)	piece	n. 한 부분, 한 개
ocean	n. 바다, 대양	play	v. 놀다, (게임을) 하다
October	n. 10월	play the piano	피아노를 치다
old	adj. 나이가 든, 늙은	police	n. 경찰관
on	prep. ~위에	post office	n. 우체국

purple	n. 보라색; adj.보라색의	scientist	n. 과학자
		sick	adj. 아픈
R		sing	v. 노래하다
race	n. 경주	singer	n. 가수
rain	v. 비가 오다	sister	n. 언니, 누나, 여동생
read	n. 읽다	skate	v. 스케이트를 타다
really	ad. 실제로, 진짜로	ski	v. 스키를 타다
restaurant	n. 식당	skirt	n. 치마
restroom	n. 화장실	sleep	v. (잠을) 자다
robot	n. 로봇	sleepy	adj. 졸린
room	n. 방	slide	n. 미끄럼틀
ruler	n. 자	snow	v. 눈이 내리다
run	v. 달리다	soccer	n. 축구
S		song	n. 노래
sad	adj. 슬픈	speak	v. 이야기하다, 말하다
same	adj. 똑같은, 같은	spring	n. 봄
school	n. 학교	squirrel	n. 다람쥐
science	n. 과학		

stand	v. 서다	thirsty	adj. 목이 마른
store	n. 가게	three	3, 셋
strawberry	n. 딸기	throw	v. 던지다
student	n. 학생	Thursday	n. 목요일
study	v. 공부하다	tiger	n. 호랑이
subway	n. 지하철	time	n. 시간
sunny	adj. 화창한	tired	adj. 피곤한
swim	v. 수영하다	today	ad. 오늘
swing	n. 그네	together	ad. 함께, 같이
T		train	n. 기차
table	n. 탁자, 테이블	tree	n. 나무
take a picture	사진을 찍다	trumpet	n. 트럼펫
tall	adj. (키가) 큰	Tuesday	n. 화요일
teacher	n. 선생님	**U**	
tennis	n. 테니스	uncle	n. 삼촌
theater	n. 극장, 영화관	under	prep. ~ 아래에
thin	adj. 날씬한	**V**	

vet	n. 수의사
volleyball	n. 배구

W

walk	v. 걷다
wallet	n. 지갑
want	v. 원하다
wash	v. 씻다
watch	v. 보다
water	n. 물
watermelon	n. 수박
wear	v. (옷을) 입다
weather	n. 날씨, 기상
where	ad. 어디에, 어디로, 어디에서
windy	adj. 바람이 부는
with	prep. ~와 함께
write	v. 쓰다
wrong	adj. 잘못된, 틀린, (잘못된)일이 있는

Y

yard	n. 마당
yawn	v. 하품하다
year	n. (1 년 열두 달로 이뤄진) 해, 년, 연
yellow	n. 노랑; adj. 노란
yummy	adj. 맛있는

Z

zebra	n. 얼룩말

국제영어능력인증시험 (TOSEL)

pre-STARTER

한글이름

감독확인

SECTION I

문항	A	B	C		문항	A	B	C
1	Ⓐ	Ⓑ	Ⓒ		11	Ⓐ	Ⓑ	Ⓒ
2	Ⓐ	Ⓑ	Ⓒ		12	Ⓐ	Ⓑ	Ⓒ
3	Ⓐ	Ⓑ	Ⓒ		13	Ⓐ	Ⓑ	Ⓒ
4	Ⓐ	Ⓑ	Ⓒ		14	Ⓐ	Ⓑ	Ⓒ
5	Ⓐ	Ⓑ	Ⓒ		15	Ⓐ	Ⓑ	Ⓒ
6	Ⓐ	Ⓑ	Ⓒ					
7	Ⓐ	Ⓑ	Ⓒ					
8	Ⓐ	Ⓑ	Ⓒ					
9	Ⓐ	Ⓑ	Ⓒ					
10	Ⓐ	Ⓑ	Ⓒ					

SECTION II

문항	A	B	C		문항	A	B	C
1	Ⓐ	Ⓑ	Ⓒ		11	Ⓐ	Ⓑ	Ⓒ
2	Ⓐ	Ⓑ	Ⓒ		12	Ⓐ	Ⓑ	Ⓒ
3	Ⓐ	Ⓑ	Ⓒ		13	Ⓐ	Ⓑ	Ⓒ
4	Ⓐ	Ⓑ	Ⓒ		14	Ⓐ	Ⓑ	Ⓒ
5	Ⓐ	Ⓑ	Ⓒ		15	Ⓐ	Ⓑ	Ⓒ
6	Ⓐ	Ⓑ	Ⓒ		16	Ⓐ	Ⓑ	Ⓒ
7	Ⓐ	Ⓑ	Ⓒ		17	Ⓐ	Ⓑ	Ⓒ
8	Ⓐ	Ⓑ	Ⓒ		18	Ⓐ	Ⓑ	Ⓒ
9	Ⓐ	Ⓑ	Ⓒ		19	Ⓐ	Ⓑ	Ⓒ
10	Ⓐ	Ⓑ	Ⓒ		20	Ⓐ	Ⓑ	Ⓒ

수 험 번 호

(1)

(2)

| 0 | 1 | 2 | 3 | 4 | 5 | 6 | 7 | 8 | 9 |

주의사항

1. 수험번호 및 답안은 검은색 사인펜을 사용해서 〈보기〉와 같이 표기합니다.
   〈보기〉 바른표기 : ● 틀린표기 : ⊙ ⊗ ◑ ◉

2. 수험번호(1)에는 아라비아 숫자로 쓰고, (2)에는 해당란에 표기합니다.

3. 답안 수정은 수정 테이프로 흔적을 깨끗이 지웁니다.

4. 수험번호 및 답안 작성란 이외의 여백에 낙서를 하지 마시기 바랍니다. 이로 인한 불이익은 수험자 본인 책임입니다.

5. 마킹오류로 채점 불가능한 답안은 0점 처리되오니, 이점 유의하시기 바랍니다.

국제영어능력인증시험 (TOSEL)

pre-STARTER

국제토셀위원회

한글이름		감독확인

수 험 번 호

SECTION I

문항	A	B	C		문항	A	B	C
1	Ⓐ	Ⓑ	Ⓒ		11	Ⓐ	Ⓑ	Ⓒ
2	Ⓐ	Ⓑ	Ⓒ		12	Ⓐ	Ⓑ	Ⓒ
3	Ⓐ	Ⓑ	Ⓒ		13	Ⓐ	Ⓑ	Ⓒ
4	Ⓐ	Ⓑ	Ⓒ		14	Ⓐ	Ⓑ	Ⓒ
5	Ⓐ	Ⓑ	Ⓒ		15	Ⓐ	Ⓑ	Ⓒ
6	Ⓐ	Ⓑ	Ⓒ					
7	Ⓐ	Ⓑ	Ⓒ					
8	Ⓐ	Ⓑ	Ⓒ					
9	Ⓐ	Ⓑ	Ⓒ					
10	Ⓐ	Ⓑ	Ⓒ					

SECTION Ⅱ

문항	A	B	C		문항	A	B	C
1	Ⓐ	Ⓑ	Ⓒ		11	Ⓐ	Ⓑ	Ⓒ
2	Ⓐ	Ⓑ	Ⓒ		12	Ⓐ	Ⓑ	Ⓒ
3	Ⓐ	Ⓑ	Ⓒ		13	Ⓐ	Ⓑ	Ⓒ
4	Ⓐ	Ⓑ	Ⓒ		14	Ⓐ	Ⓑ	Ⓒ
5	Ⓐ	Ⓑ	Ⓒ		15	Ⓐ	Ⓑ	Ⓒ
6	Ⓐ	Ⓑ	Ⓒ		16	Ⓐ	Ⓑ	Ⓒ
7	Ⓐ	Ⓑ	Ⓒ		17	Ⓐ	Ⓑ	Ⓒ
8	Ⓐ	Ⓑ	Ⓒ		18	Ⓐ	Ⓑ	Ⓒ
9	Ⓐ	Ⓑ	Ⓒ		19	Ⓐ	Ⓑ	Ⓒ
10	Ⓐ	Ⓑ	Ⓒ		20	Ⓐ	Ⓑ	Ⓒ

주의사항

1. 수험번호 및 답안은 검은색 사인펜을 사용해서 〈보기〉와 같이 표기합니다.
   〈보기〉 바른표기 : ● / 틀린표기 : ⊖ ⊗ ⊙ ◍
2. 수험번호 (1)에는 아라비아 숫자로 쓰고, (2)에는 해당란에 ● 표기합니다.
3. 답안 수정은 수정 테이프로 흔적을 깨끗이 지웁니다.
4. 수험번호 및 답안 작성란 이외의 여백에 낙서를 하지 마시기 바랍니다. 이로 인한 불이익은 수험자 본인 책임입니다.
5. 마킹오류로 채점 불가능한 답안은 0점 처리되오니, 이점 유의하시기 바랍니다.

국제영어능력인증시험 (TOSEL)

pre-STARTER

국제토셀위원회

한글이름

감독확인

SECTION I

문항	A	B	C		문항	A	B	C
1	Ⓐ	Ⓑ	Ⓒ		11	Ⓐ	Ⓑ	Ⓒ
2	Ⓐ	Ⓑ	Ⓒ		12	Ⓐ	Ⓑ	Ⓒ
3	Ⓐ	Ⓑ	Ⓒ		13	Ⓐ	Ⓑ	Ⓒ
4	Ⓐ	Ⓑ	Ⓒ		14	Ⓐ	Ⓑ	Ⓒ
5	Ⓐ	Ⓑ	Ⓒ		15	Ⓐ	Ⓑ	Ⓒ
6	Ⓐ	Ⓑ	Ⓒ					
7	Ⓐ	Ⓑ	Ⓒ					
8	Ⓐ	Ⓑ	Ⓒ					
9	Ⓐ	Ⓑ	Ⓒ					
10	Ⓐ	Ⓑ	Ⓒ					

SECTION II

문항	A	B	C		문항	A	B	C
1	Ⓐ	Ⓑ	Ⓒ		11	Ⓐ	Ⓑ	Ⓒ
2	Ⓐ	Ⓑ	Ⓒ		12	Ⓐ	Ⓑ	Ⓒ
3	Ⓐ	Ⓑ	Ⓒ		13	Ⓐ	Ⓑ	Ⓒ
4	Ⓐ	Ⓑ	Ⓒ		14	Ⓐ	Ⓑ	Ⓒ
5	Ⓐ	Ⓑ	Ⓒ		15	Ⓐ	Ⓑ	Ⓒ
6	Ⓐ	Ⓑ	Ⓒ		16	Ⓐ	Ⓑ	Ⓒ
7	Ⓐ	Ⓑ	Ⓒ		17	Ⓐ	Ⓑ	Ⓒ
8	Ⓐ	Ⓑ	Ⓒ		18	Ⓐ	Ⓑ	●
9	Ⓐ	Ⓑ	Ⓒ		19	Ⓐ	Ⓑ	Ⓒ
10	Ⓐ	Ⓑ	Ⓒ		20	Ⓐ	Ⓑ	Ⓒ

수 험 번 호

(1) (2)

0 1 2 3 4 5 6 7 8 9

주의사항

1. 수험번호 및 답안은 검은색 사인펜을 사용해서 〈보기〉와 같이 표기합니다.
   〈보기〉 바른표기 : ●　틀린표기 : ◑ ⊙ ⊗ ◐

2. 수험번호(1)에는 아라비아 숫자로 쓰고, (2)에는 해당란에 ● 표기합니다.

3. 답안 수정은 수정 테이프로 흔적을 깨끗이 지웁니다.

4. 수험번호 및 답안 작성란 이외의 여백에 낙서를 하지 마시기 바랍니다. 이로 인한 불이익은 수험자 본인 책임입니다.

5. 마킹오류로 채점 불가능한 답안은 0점 처리되오니, 이점 유의하시기 바랍니다.

국제영어능력인증시험 (TOSEL)

국제토셀위원회

pre-STARTER	한글이름	감독확인

SECTION I

문항	A	B	C		문항	A	B	C
1	Ⓐ	Ⓑ	Ⓒ		11	Ⓐ	Ⓑ	Ⓒ
2	Ⓐ	Ⓑ	Ⓒ		12	Ⓐ	Ⓑ	Ⓒ
3	Ⓐ	Ⓑ	Ⓒ		13	Ⓐ	Ⓑ	Ⓒ
4	Ⓐ	Ⓑ	Ⓒ		14	Ⓐ	Ⓑ	Ⓒ
5	Ⓐ	Ⓑ	Ⓒ		15	Ⓐ	Ⓑ	Ⓒ
6	Ⓐ	Ⓑ	Ⓒ					
7	Ⓐ	Ⓑ	Ⓒ					
8	Ⓐ	Ⓑ	Ⓒ					
9	Ⓐ	Ⓑ	Ⓒ					
10	Ⓐ	Ⓑ	Ⓒ					

SECTION II

문항	A	B	C		문항	A	B	C
1	Ⓐ	Ⓑ	Ⓒ		11	Ⓐ	Ⓑ	Ⓒ
2	Ⓐ	Ⓑ	Ⓒ		12	Ⓐ	Ⓑ	Ⓒ
3	Ⓐ	Ⓑ	Ⓒ		13	Ⓐ	Ⓑ	Ⓒ
4	Ⓐ	Ⓑ	Ⓒ		14	Ⓐ	Ⓑ	Ⓒ
5	Ⓐ	Ⓑ	Ⓒ		15	Ⓐ	Ⓑ	Ⓒ
6	Ⓐ	Ⓑ	Ⓒ		16	Ⓐ	Ⓑ	Ⓒ
7	Ⓐ	Ⓑ	Ⓒ		17	Ⓐ	Ⓑ	Ⓒ
8	Ⓐ	Ⓑ	Ⓒ		18	Ⓐ	Ⓑ	Ⓒ
9	Ⓐ	Ⓑ	Ⓒ		19	Ⓐ	Ⓑ	Ⓒ
10	Ⓐ	Ⓑ	Ⓒ		20	Ⓐ	Ⓑ	Ⓒ

수 험 번 호

(1)

(2)

⓪①②③④⑤⑥⑦⑧⑨

주의사항

1. 수험번호 및 답안은 검은색 사인펜을 사용해서 〈보기〉와 같이 표기합니다.
   〈보기〉 바른표기 : ● 틀린표기 : ⊙ ⊗ ◑ ◍
2. 수험번호 (1)에는 아라비아 숫자로 쓰고, (2)에는 해당란에
   ● 표기합니다.
3. 답안 수정은 수정 테이프로 흔적을 깨끗이 지웁니다.
4. 수험번호 및 답안 작성란 이외의 여백에 낙서를 하지 마시기
   바랍니다. 이로 인한 불이익은 수험자 본인 책임입니다.
5. 마킹오류로 채점 불가능한 답안은 0점 처리되오니,
   이점 유의하시기 바랍니다.

국제영어능력인증시험 (TOSEL)

pre-STARTER

한글이름

감독확인

SECTION I

문항	A	B	C		문항	A	B	C
1	Ⓐ	Ⓑ	Ⓒ		11	Ⓐ	Ⓑ	Ⓒ
2	Ⓐ	Ⓑ	Ⓒ		12	Ⓐ	Ⓑ	Ⓒ
3	Ⓐ	Ⓑ	Ⓒ		13	Ⓐ	Ⓑ	Ⓒ
4	Ⓐ	Ⓑ	Ⓒ		14	Ⓐ	Ⓑ	Ⓒ
5	Ⓐ	Ⓑ	Ⓒ		15	Ⓐ	Ⓑ	Ⓒ
6	Ⓐ	Ⓑ	Ⓒ					
7	Ⓐ	Ⓑ	Ⓒ					
8	Ⓐ	Ⓑ	Ⓒ					
9	Ⓐ	Ⓑ	Ⓒ					
10	Ⓐ	Ⓑ	Ⓒ					

SECTION II

문항	A	B	C		문항	A	B	C
1	Ⓐ	Ⓑ	Ⓒ		11	Ⓐ	Ⓑ	Ⓒ
2	Ⓐ	Ⓑ	Ⓒ		12	Ⓐ	Ⓑ	Ⓒ
3	Ⓐ	Ⓑ	Ⓒ		13	Ⓐ	Ⓑ	Ⓒ
4	Ⓐ	Ⓑ	Ⓒ		14	Ⓐ	Ⓑ	Ⓒ
5	Ⓐ	Ⓑ	Ⓒ		15	Ⓐ	Ⓑ	Ⓒ
6	Ⓐ	Ⓑ	Ⓒ		16	Ⓐ	Ⓑ	Ⓒ
7	Ⓐ	Ⓑ	Ⓒ		17	Ⓐ	Ⓑ	Ⓒ
8	Ⓐ	Ⓑ	Ⓒ		18	Ⓐ	Ⓑ	Ⓒ
9	Ⓐ	Ⓑ	Ⓒ		19	Ⓐ	Ⓑ	Ⓒ
10	Ⓐ	Ⓑ	Ⓒ		20	Ⓐ	Ⓑ	Ⓒ

수 험 번 호

(1)

(2)

⓪①②③④⑤⑥⑦⑧⑨

주의사항

1. 수험번호 및 답안은 검은색 사인펜을 사용해서 <보기>와 같이 표기합니다.
   <보기> 바른표기 : ● 틀린표기 : ⚆ ⊗ ⊙ ◑
2. 수험번호(1)에는 아라비아 숫자로 쓰고, (2)에는 해당란에 ● 표기합니다.
3. 답안 수정은 수정 테이프로 흔적을 깨끗이 지웁니다.
4. 수험번호 및 답안 작성란 이외의 여백에 낙서를 하지 마시기 바랍니다. 이로 인한 불이익은 수험자 본인 책임입니다.
5. 마킹오류로 채점 불가능한 답안은 0점 처리되오니, 이점 유의하시기 바랍니다.

엄선된 **100만 명**의 응시자 성적 데이터를 활용한 **AI기반** 데이터 공유 및 가치 고도화 **플랫폼**

TOSEL® Lab
국제토셀위원회 지정교육기관

공동기획　　- 고려대학교 문과대학 언어정보연구소
　　　　　　　- 국제토셀위원회

TOSEL Lab 국제토셀위원회 지정교육기관이란?

국내외 15,000여 개 학교·학원 단체응시인원 중 엄선한 100만 명 이상의 실제 TOSEL 성적 데이터와,
정부(과학기술정보통신부)의 AI 바우처 지원 사업 수행기관 선정으로 개발된 맞춤식 AI 빅데이터 기반 영어성장 플랫폼입니다.

진단평가를 통한 올바른 영어학습 방향 제시를 잘 할 수 있는 전국의 학원 및 단체를 찾아,
TOSEL Lab 지정교육기관으로 선정합니다. 선정된 기관들에게는 아래의 초도물품이 제공됩니다.

 ※ **TOSEL Lab 지정교육기관 제공물품**

Reading Series

내신과 **토셀 고득점**을 한꺼번에

Pre-Starter | Starter | Basic | Junior | High-Junior

- 각 단원 학습 도입부에 주제와 관련된 이미지를 통한 말하기 연습
- 각 Unit 별 4-6개의 목표 단어 제시, 그림 또는 영문으로 단어 뜻을 제공하여 독해 학습 전 단어 숙지
- 독해&실용문 연습을 위한 지문과 Comprehension 문항을 10개씩 수록하여 이해도 확인 및 진단
- 숙지한 독해 지문을 원어민 음성으로 들으며 듣기 학습 , 듣기 전, 듣기 중, 듣기 후 학습 커리큘럼 마련

Listening Series

한국 학생들에게 최적화된 듣기 실력 완성!

Pre-Starter | Starter | Basic | Junior | High-Junior

- 초등 / 중등 교과과정 연계 말하기&듣기 학습과 세분화된 레벨
- TOSEL 기출 문장과 실생활에 자주 활용되는 문장 패턴을 통해 듣기 및 말하기 학습
- 실제 TOSEL 지문의 예문을 활용한 실용적 학습 제공
- 실전 감각 향상과 점검을 위한 기출 문제 수록

Speaking Series

한국 학생들에게 최적화된 말하기 실력 완성!

Pre-Starter | Starter | Basic | Junior | High-Junior

- 단어 → 문법 → 표현 → 대화로 이어지는 단계적인 학습
- 교과과정에 연계한 설계로 내신과 수행평가 완벽 대비
- 최신 수능 출제 문항을 반영한 문장으로 수능 대비까지
- 전국 Speaking 올림피아드 공식 대비 교재

Grammar Series

체계적인 단계별 **문법 지침서**

Pre-Starter | Starter | Basic | Junior | High-Junior

- 초등 / 중등 교과과정 연계 문법 학습과 세분화된 레벨
- TOSEL 기출 문제 연습과 최신 수능 출제 문법을 포함하여 수능 / 내신 대비 가능
- 이해하기 쉬운 그림, 깔끔하게 정리된 표와 설명, 다양한 문제를 통해 문법 학습
- 실전 감각 향상과 점검을 위한 기출 문제 수록

Voca Series

학년별 꼭 알아야하는 **단어 수록!**

Pre-Starter | Starter | Basic | Junior | High-Junior

- 각 단어 학습 도입부에 주제와 관련된 이미지를 통한 말하기 연습
- TOSEL 시험을 기준으로 빈출 지표를 활용한 예문과 문제 구성
- 실제 TOSEL 지문의 예문을 활용한 실용적 학습 제공
- 실전 감각 향상과 점검을 위한 실전 문제 수록

Story Series

읽는 재미에 실력까지 **동시에!**

Pre-Starter | Starter | Basic | Junior

- 초등 / 중등 교과과정 연계 영어 학습과 세분화된 레벨
- 이야기 지문과 단어를 함께 연결지어 학생들의 독해 능력을 평가
- 이해하기 쉬운 그림, 깔끔하게 정리된 표와 설명, 다양한 문제, 재미있는 스토리를 통한 독해 학습
- 다양한 단계의 문항을 풀어보고 학생들의 읽기, 듣기, 쓰기, 말하기 실력을 집중적으로 향상

TOSEL Lab 에는 어떤 콘텐츠가 있나요?

진단 맞춤형 레벨테스트로
정확한 평가 제공

응시자 빅데이터 분석에 기반한 테스트로 신규 상담 학생의 영어능력을 정확하게 진단하고 효과적인 영어 교육을 실시하기 위한 객관적인 가이드라인을 제공합니다.

교재 세분화된 레벨로
실력에 맞는 학습 제공

TOSEL의 세분화된 교재 레벨은 각 연령에 맞는 어휘와 읽기 지능 및 교과 과정과의 연계가 가능하도록 설계된 교재들로 효과적인 학습 커리큘럼을 제공합니다.

학습 다양한 교재연계 콘텐츠로
효과적인 자기주도학습

TOSEL 시험을 대비한 다양한 콘텐츠를 제공해 영어 학습에 시너지 효과를 기대할 수 있으며, 학생들의 자기주도 학습 습관을 더 탄탄하게 키울 수 있습니다.

교재를 100% 활용하는 TOSEL Lab 지정교육기관의 노하우!

Teaching Materials

TOSEL에서 제공하는 수업 자료로
교재 학습을 더욱 효과적으로 진행!

Study Content

철저한 자기주도학습 콘텐츠로
교재 수업 후 효과적인 복습!

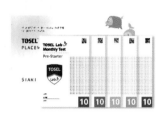

Test Content

교재 학습과 더불어 학생 맞춤형
시험으로 실력 점검 및 향상

100만 명으로 엄선된 **TOSEL**
성적 데이터로 탄생!

**TOSEL Lab 지정교육기관을 위한 콘텐츠로
더욱 효과적인 수업을 경험하세요.**

국제토셀위원회는 TOSEL Lab 지정교육기관에서 교재로 수업하는 학원을
위해 교재를 잘 활용할 수 있는 다양한 콘텐츠를 제공 및 지원합니다.

TOSEL® Lab 지정교육기관은

국제토셀위원회 직속 TOSEL연구소에서 20년 동안 보유해온 전국 15,000여 개 교육기관 토셀 응시자들의 영어성적 분석데이터를 공유받아, 통계를 기반으로 한 전문적이고 과학적인 커리큘럼을 설계하고, 영어학습 방향을 제시하여, 경쟁력있는 기관, 잘 가르치는 기관으로 해당 지역에서 입지를 다지게 됩니다.

**TOSEL Lab 지정교육기관으로 선정되기 위해서는
소정의 심사 절차가 수반됩니다.**

TOSEL Lab 심사신청

TOSEL®
실전문제집

PRE-STARTER
정답 및 해설

TOSEL PRE-STARTER

실전 1회

<table>
<tr><td colspan="5">Section I Listening and Speaking</td></tr>
<tr><td>1 (B)</td><td>2 (B)</td><td>3 (C)</td><td>4 (B)</td><td>5 (A)</td></tr>
<tr><td>6 (B)</td><td>7 (C)</td><td>8 (A)</td><td>9 (B)</td><td>10 (A)</td></tr>
<tr><td>11 (C)</td><td>12 (B)</td><td>13 (A)</td><td>14 (B)</td><td>15 (C)</td></tr>
<tr><td colspan="5">Section II Reading and Writing</td></tr>
<tr><td>1 (A)</td><td>2 (B)</td><td>3 (C)</td><td>4 (A)</td><td>5 (B)</td></tr>
<tr><td>6 (C)</td><td>7 (A)</td><td>8 (B)</td><td>9 (A)</td><td>10 (A)</td></tr>
<tr><td>11 (A)</td><td>12 (B)</td><td>13 (B)</td><td>14 (A)</td><td>15 (C)</td></tr>
<tr><td>16 (B)</td><td>17 (A)</td><td>18 (C)</td><td>19 (A)</td><td>20 (B)</td></tr>
</table>

SECTION I LISTENING AND SPEAKING

Part A. Listen and Recognize (p.11)

1. Boy: giraffe
　　(B)
해석 소년: 기린
풀이 소년이 기린이라고 말했으므로 기린이 있는 그림 (B)가 정답이다.
Words and Phrases giraffe 기린

2. Girl: peach
　　(B)
해석 소녀: 복숭아
풀이 소녀가 복숭아라고 했으므로 복숭아가 있는 그림 (B)가 정답이다.
Words and Phrases peach 복숭아

3. Boy: eraser
　　(C)
해석 소년: 지우개
풀이 소년이 지우개라고 했으므로 답은 (C)이다.

4. Girl: I can swim.
　　(B)
해석 소녀: 나는 수영할 수 있다.
풀이 소녀가 수영할 수 있다고 했으므로 답은 (B)이다.

5. Boy: Sue is in the living room.
　　(A)
해석 소년: Sue는 거실에 있다.
풀이 Sue가 거실에 있다고 했으므로 답은 (A)이다.

PART B. Listen and Respond (p.13)

6. Girl: Do you have a sister?
　　Boy: _____
　　(A) Yes, I am.
　　(B) Yes, I do.
　　(C) No, I can't.
해석 소녀: 너는 여동생이 있니?
　　소년: _____
　　(A) 응. 나는 그래.
　　(B) 응. 있어.
　　(C) 아니, 할 수 없어.
풀이 Do 의문문에 대해선 do을 사용하여 답하므로 정답은 (B)이다.

7. Boy: What's wrong with you?
　　Girl: _____
　　(A) He is with me.
　　(B) Yes, that's long.
　　(C) I have a headache.
해석 소년: 무슨 일이니?
　　소녀: _____
　　(A) 그는 나와 함께 있어.
　　(B) 맞아. 그건 길어.
　　(C) 나는 머리가 아파.
풀이 무슨 일이 있는지 물어보는 소년의 물음에 대한 답으로 (C)가 적절하다.
Words and Phrases have a headache 머리가 아프다

8. Girl: How much is it?
　　Boy: _____
　　(A) It's 25 dollars.
　　(B) Yes, it was.
　　(C) It is big.
해석 소녀: 이거 얼마야?
　　소년: _____
　　(A) 25 달러야.
　　(B) 맞아. 그건 그랬어.
　　(C) 이건 크다.
풀이 가격을 물어보는 소녀의 물음에 대한 답으로 (A)가 적절하다.

9. Boy: Do you study English?
　　Girl: _____
　　(A) Yes, I am.
　　(B) No, I don't.
　　(C) Yes, I can.
해석 소년: 너는 영어를 공부하니?
　　소녀: _____
　　(A) 응. 그래.
　　(B) 아니, 난 하지 않아.
　　(C) 응. 난 할 수 있어.
풀이 Do 의문문에 대한 답으로 (B)가 정답이다.

10. Girl: How is the weather?
Boy: _____

    (A) It's windy.

    (B) It's 7 o'clock.

    (C) It's Sunday.

해석 소녀: 날씨가 어때?

    소년: _____

    (A) 바람이 불어.

    (B) 7시야.

    (C) 일요일이야.

풀이 소녀가 날씨를 물어 보았으므로 적절한 대답은 (A)이다.

Part C. Listen and Retell (p.15)

11. Boy: What do you want to eat?
Girl: I want some sandwiches.
Question: What will they eat?

    (C)

해석 소년: 뭘 먹고 싶니?

    소녀: 나는 샌드위치를 먹고 싶어.

    질문: 그들은 무엇을 먹을 것입니까?

풀이 소녀는 샌드위치를 먹고 싶다고 했으므로 답은 (C)이다.

12. Girl: I like your green hat.
Boy: Thanks. I like green.
Question: What color is his hat?

    (B)

해석 소녀: 나는 너의 초록색 모자가 좋아.

    소년: 고마워. 나는 초록색을 좋아해.

    질문: 소년의 모자는 무슨 색깔입니까?

풀이 소년의 모자가 초록색이라고 하였으므로 초록색 모자 그림이 있는 (B)가 정답이다.

13. Boy: Where is Sam?
Girl: He is reading in his room.
Question: What is Sam doing?

    (A)

해석 소년: Sam은 어디에 있니?

    소녀: 그는 그의 방에서 책을 읽고 있어.

    질문: Sam은 무엇을 하고 있습니까?

풀이 Sam이 방에서 책을 읽고 있다고 했으므로 답은 (A)이다.

14. Girl: What time do you get up?
Boy: I get up at 7.
Question: What time does the boy get up?

    (B)

해석 소녀 : 너는 몇 시에 일어나니?

    소년 : 나는 7시에 일어나.

    질문 : 소년은 몇 시에 일어납니까?

풀이 소년이 7시에 일어난다고 하였으므로 7시를 가리키는 시계 그림이 있

는 (B)가 정답이다.

15. Boy: How many pencils do you have?
Girl: I have 4 pencils.
Question: How many pencils does the girl have?

    (C)

해석 소년: 너는 연필을 얼마나 갖고 있니?

    소녀: 나는 연필 4자루를 갖고 있어.

    질문: 소녀는 연필을 얼마나 갖고 있습니까?

풀이 소녀가 연필을 4자루 갖고 있다고 했으므로 답은 (C)이다.

SECTION II   READING AND WRITING

Part A. Spell the Words (p.18)

1. b_nana

    (A) a

    (B) o

    (C) i

풀이 '바나나'라는 뜻인 영어단어 'banana'는 두 번째 철자가 'a'이므로 정답은 (A)이다.

2. _lower

    (A) d

    (B) f

    (C) p

풀이 '꽃'이라는 뜻인 영어단어 'flower'은 첫 번째 철자가 'f'이므로 정답은 (B)이다.

3. (A) wuler

    (B) relur

    (C) ruler

풀이 '자'라는 뜻을 가진 'ruler'을 올바르게 나열한 (C)가 정답이다.

4. (A) doctor

    (B) boktor

    (C) dokter

풀이 '의사'라는 뜻을 가진 'doctor'를 올바르게 나열한 (A)가 정답이다.

Words and Phrases   doctor 의사

5. (A) diger

    (B) tiger

    (C) teager

풀이 '호랑이'라는 뜻을 가진 'tiger'을 올바르게 나열한 (B)가 정답이다.

Part B. Look and Recognize (p.20)

6. (A) The boy is eating.
(B) The boy is running.
(C) The boy is studying.
해석 (A) 소년은 먹고 있다.
(B) 소년은 뛰고 있다.
(C) 소년은 공부하고 있다.
풀이 그림에서 소년이 공부하고 있으므로 정답은 (C)이다.

7. **(A) A cat is in the box.**
(B) A cat is on the box.
(C) A cat is under the box.
해석 (A) 고양이는 상자 안에 있다.
(B) 고양이는 상자 위에 있다.
(C) 고양이는 상자 밑에 있다.
풀이 그림에서 고양이는 상자 안에 있으므로 정답은 (A)이다.

8. (A) The boy is doing his homework.
(B) The boy is listening to music.
(C) The boy is reading a book.
해석 (A) 소년은 숙제를 하고 있다.
(B) 소년은 음악을 듣고 있다.
(C) 소년은 책을 읽고 있다.
풀이 그림에서 소년은 음악을 듣고 있으므로 정답은 (B)이다.
Words and Phrases do one's homework 숙제를 하다

9. **(A) She is eating.**
(B) She is sleeping.
(C) She is walking.
해석 (A) 그녀는 먹고 있다.
(B) 그녀는 잠을 자고 있다.
(C) 그녀는 걷고 있다.
풀이 그림에서 소녀는 먹고 있으므로 정답은 (A)이다.

10. **(A) They are in the library.**
(B) They are in the restaurant.
(C) They are in the park.
해석 (A) 그들은 도서관에 있다.
(B) 그들은 식당에 있다.
(C) 그들은 공원에 있다.
풀이 그림에서 그들은 도서관 안에 있으므로 정답은 (A)이다.
Words and Phrases library 도서관   restaurant 식당   park 공원

Part C. Look and Respond (p.22)

11. Question: What is the boy doing?
(A) He is playing basketball.
(B) He is playing baseball.
(C) He is playing soccer.
해석 질문: 소년은 무엇을 하고 있습니까?
(A) 그는 농구를 하고 있다.
(B) 그는 야구를 하고 있다.
(C) 그는 축구를 하고 있다.
풀이 그림에서 소년은 농구를 하고 있으므로 정답은 (A)이다.
Words and Phrases basketball 농구   baseball 야구   soccer 축구

12. Question: How is the weather?
(A) It's windy.
(B) It's raining.
(C) It's snowing.
해석 질문: 날씨가 어떻습니까?
(A) 바람이 분다.
(B) 비가 온다.
(C) 눈이 온다.
풀이 그림에서 비가 오고 있으므로 정답은 (B)이다.

13. Question: What time is it now?
(A) It's two fifty.
(B) It's two thirty-five.
(C) It's two fifteen.
해석 질문: 지금 몇시입니까?
(A) 2시 50분
(B) 2시 35분
(C) 2시 15분
풀이 그림에서 시계가 2시 35분을 가리키므로 정답은 (B)이다.

14. Question: How does he feel?
(A) He is tired.
(B) He is angry.
(C) He is happy.
해석 질문: 소년은 기분이 어떻습니까?
(A) 그는 피곤하다.
(B) 그는 화가 났다.
(C) 그는 행복하다.
풀이 그림에서 소년이 피곤해보이므로 정답은 (A)이다.
Words and Phrases tired 피곤한

15. Question: What is she doing?
(A) She is playing the piano.
(B) She is playing the violin.
(C) She is playing the cello.
해석 질문: 그녀는 무엇을 하고 있습니까?
(A) 그녀는 피아노를 치고 있다.
(B) 그녀는 바이올린을 켜고 있다.
(C) 그녀는 첼로를 켜고 있다.
풀이 그림에서 소녀는 첼로를 연주하고 있으므로 정답은 (C)이다.

Part D. Read and Retell (p.24)

[16]
Tim has a cat. Sam is his brother. He has a dog. He likes his pet dog. Sue is Tim's sister. She has a hamster. She loves her hamster.

16. Who has a dog?
- (A) Tim
- **(B) Sam**
- (C) Sue

해석 Tim은 고양이를 갖고 있다. Sam은 그의 형이다. 그는 개를 갖고 있다. 그는 그의 애완견을 좋아한다. Sue는 Tim의 여동생이다. 그녀는 햄스터를 갖고 있다. 그녀는 그녀의 햄스터를 사랑한다.

16. 누가 개를 갖고 있습니까?
- (A) Tim
- **(B) Sam**
- (C) Sue

풀이 지문에서 Sam이 개를 갖고 있다고 하였으므로 정답은 (B)이다.
Words and Phrases pet 애완동물

[17–18]
I have many friends. My friend Dan runs fast. He runs every morning. Mary sings well. She wants to be a singer. Amy likes animals. She wants to be a vet. I love my friends.

17. What does Dan do every morning?
- **(A) He runs every morning.**
- (B) He dances every morning.
- (C) He sings every morning.

18. Who wants to be a vet?
- (A) Mary
- (B) Dan
- **(C) Amy**

해석 나는 친구들이 많다. 내 친구 Dan은 빨리 달린다. 그는 매일 아침마다 뛴다. Mary는 노래를 잘 부른다. 그녀는 가수가 되고 싶어한다. Amy는 동물을 좋아한다. 그녀는 수의사가 되고 싶어한다. 나는 내 친구들을 사랑한다.

17. Dan은 매일 아침마다 무엇을 합니까?
- **(A) 그는 매일 아침마다 뛴다.**
- (B) 그는 매일 아침마다 춤을 춘다.
- (C) 그는 매일 아침마다 노래를 부른다.

18. 누가 수의사가 되고 싶어 합니까?
- (A) Mary
- (B) Dan
- **(C) Amy**

풀이 Dan이 매일 아침마다 달린다고 하였으므로 17번의 답은 (A)이고 Amy가 수의사가 되고 싶어한다고 하였으므로 18번의 정답은 (C)이다.
Words and Phrases vet 수의사

[19–20]
My mom is a teacher. She teaches math. My dad is a doctor. He works at the hospital. My brother Dan is 5 years old. He is cute. I love my family.

19. What does her dad do?
- **(A) He is a doctor.**
- (B) He is a police officer.
- (C) He is a teacher.

20. How old is Dan?
- (A) He is three years old.
- **(B) He is five years old.**
- (C) He is seven years old.

해석 우리 엄마는 선생님이다. 그녀는 수학을 가르친다. 우리 아빠는 의사이다. 그는 병원에서 일한다. 내 남동생 Dan은 5살이다. 그는 귀엽다. 나는 내 가족을 사랑한다.

19. 그녀의 아버지는 무엇을 합니까?
- **(A) 그는 의사이다.**
- (B) 그는 경찰관이다.
- (C) 그는 선생님이다.

20. Dan은 몇살입니까?
- (A) 그는 3살이다.
- **(B) 그는 5살이다.**
- (C) 그는 7살이다.

풀이 지문에서 그녀의 아버지는 의사라고 하였으므로 19번의 정답은 (A)이다. Dan은 5살이라고 하였으므로 20번의 정답은 (B)이다.
Words and Phrases hospital 병원

TOSEL PRE-STARTER

실전 2회

Section I Listening and Speaking

1 (A)	2 (C)	3 (A)	4 (C)	5 (B)
6 (B)	7 (A)	8 (C)	9 (C)	10 (A)
11 (B)	12 (A)	13 (B)	14 (C)	15 (C)

Section II Reading and Writing

1 (B)	2 (B)	3 (C)	4 (B)	5 (A)
6 (A)	7 (B)	8 (B)	9 (B)	10 (C)
11 (C)	12 (A)	13 (C)	14 (A)	15 (A)
16 (B)	17 (C)	18 (B)	19 (A)	20 (C)

SECTION I LISTENING AND SPEAKING

Part A. Listen and Recognize (p.29)

1. Boy: baseball
   (A)
해석 소년: 야구
풀이 소년이 야구라고 말했으므로 야구하는 소년이 있는 그림 (A)가 정답이다.

2. Girl: trumpet
   (C)
해석 소녀: 트럼펫
풀이 소녀가 트럼펫이라고 했으므로 트럼펫이 있는 그림 (C)가 정답이다.

3. Boy: chair
   (A)
해석 소년: 의자
풀이 소년이 의자라고 했으므로 답은 (A)이다.
Words and Phrases chair 의자

4. Girl: She is studying.
   (C)
해석 소녀: 그녀는 공부하고 있다.
풀이 공부하고 있다고 했으므로 답은 (C)이다.

5. Boy: I can skate.
   (B)
해석 소년: 나는 스케이트를 탈 수 있다.
풀이 소년이 스케이트를 탈 수 있다고 했으므로 답은 (B)이다.

PART B. Listen and Respond (p.31)

6. Girl: How are you?
   Boy: _____
   (A) Yes, I am.
   (B) I am fine, thanks.
   (C) My name is Sue.
해석 소녀: 어떻게 지내?
   소년: _____
   (A) 응. 나는 그래.
   (B) 난 좋아. 고마워.
   (C) 내 이름은 Sue야.
풀이 안부를 물어보았으므로 정답은 (B)이다.

7. Boy: Do you have a brother?
   Girl: _____
   (A) Yes, I do.
   (B) No, I am not.
   (C) Yes, I am.
해석 소년: 너는 남동생이 있니?
   소녀: _____
   (A) 응, 나 있어.
   (B) 아니, 난 안 그래.
   (C) 응, 난 그래.
풀이 Do 의문문에 대해서는 Do를 사용하여 답하는 것이 적절하므로 (A)가 정답이다.

8. Girl: What is your name?
   Boy: _____
   (A) I have a cold.
   (B) I am a student.
   (C) My name is Amy.
해석 소녀: 네 이름이 뭐니?
   소년: _____
   (A) 나는 감기에 걸렸어.
   (B) 나는 학생이야.
   (C) 내 이름은 Amy야.
풀이 이름을 물어보는 소녀의 물음에 대한 답으로 (C)가 적절하다.
Words and Phrases have a cold 감기에 걸리다 student 학생

9. Boy: Can you jump?
   Girl: _____
   (A) Yes, I am.
   (B) No, I don't.
   (C) Yes, I can.
해석 소년: 너는 점프할 수 있니?
   소녀: _____
   (A) 응. 그래.
   (B) 아니. 난 하지 않아.
   (C) 응. 난 할 수 있어.
풀이 Can 의문문에 대해서는 Can을 사용하여 답하는 것이 적절하므로 (C)

가 정답이다.

10. Girl: How old are you?

Boy: _____

(A) I am seven years old.

(B) I am John.

(C) You are old.

해석 소녀: 너 몇 살이니?

소년: _____

(A) 난 7살이야.

(B) 난 John이야.

(C) 너는 늙었어.

풀이 소녀가 나이를 물어보았으므로 적절한 대답은 (A)이다.

Part C. Listen and Retell (p.33)

11. Boy: How many dogs do you have?

Girl: I have three dogs.

Question: How many dogs does the girl have?

(B)

해석 소년: 너는 개를 얼마나 많이 갖고 있니?

소녀: 나는 개 3마리를 갖고 있어.

질문: 소녀는 개를 얼마나 많이 갖고 있습니까?

풀이 소녀가 개 3마리를 갖고 있다고 하였으므로 (B)가 정답이다.

12. Girl: What color is your bag?

Boy: My bag is yellow.

Question: What color is the boy's bag?

(A)

해석 소녀: 너의 가방은 무슨 색이니?

소년 : 내 가방은 노란색이야.

질문 : 소년의 가방은 무슨 색입니까?

풀이 소년의 가방이 노란색이라고 했으므로 답은 (A)이다.

13. Boy: What does your father do?

Girl: He is a doctor.

Question: What does the girl's father do?

(B)

해석 소년 : 너의 아버지께선 무슨 일을 하시니?

소녀 : 그는 의사야.

질문 : 소녀의 아버지는 무엇을 합니까?

풀이 소녀의 아버지가 의사라고 하였으므로 (B)가 정답이다.

14. Girl: What time do you go to school?

Boy: I go to school at 8:30.

Question: What time does the boy go to school?

(C)

해석 소녀 : 너는 학교에 몇 시에 가니?

소년 : 나는 8시 반에 학교에 가.

질문 : 소년은 학교에 몇 시에 갑니까?

풀이 소년이 학교에 8시 반에 간다고 하였으므로 답은 (C)이다.

15. Boy: Where is Sue?

Girl: She is in the park.

Question: Where is Sue?

(C)

해석 소년 : Sue는 어디에 있니?

소녀 : 그녀는 공원에 있어.

질문 : Sue는 어디에 있습니까?

풀이 Sue가 공원에 있다고 했으므로 정답은 (C)이다.

SECTION II READING AND WRITING

Part A. Spell the Words (p.36)

1. tr_e

(A) i

(B) e

(C) u

풀이 '나무'라는 뜻을 가진 영어단어 'tree'의 세 번째 철자가 'e'이므로 정답은 (B)이다.

2. _atermelon

(A) v

(B) w

(C) b

풀이 '수박'이라는 뜻을 가진 영어단어 'watermelon'의 첫 번째 철자가 'w'이므로 정답은 (B)이다.

3. (A) rion

(B) leon

(C) lion

풀이 '사자'라는 뜻을 가진 영어단어 'lion'을 올바르게 나열한 것은 (C)이다.

4. (A) pensel

(B) pencil

(C) fensil

풀이 '연필'이라는 뜻을 가진 영어단어 'pencil'을 올바르게 나열한 것은 (B)이다.

5. (A) student

(B) stedent

(C) studant

풀이 '학생'이라는 뜻을 가진 영어단어 'student'를 올바르게 나열한 것은 (A)이다.

Part B. Look and Recognize (p.38)

6. (A) **There is a book on the desk.**
   (B) There is a book next to the desk.
   (C) There is a book is under the desk.

   해석 (A) **책상 위에 책이 있다.**
       (B) 책상 옆에 책이 있다.
       (C) 책상 밑에 책이 있다.

   풀이 그림에서 책이 책상 위에 있으므로 정답은 (A)이다.

7. (A) The boy is walking.
   (B) **The boy is drinking.**
   (C) The boy is eating.

   해석 (A) 소년은 걷고 있다.
       (B) **소년은 마시고 있다.**
       (C) 소년은 먹고 있다.

   풀이 그림에서 소년은 마시고 있으므로 정답은 (B)이다.

8. (A) They are in the kitchen.
   (B) **They are in the living room.**
   (C) They are in the yard.

   해석 (A) 그들은 부엌에 있다.
       (B) **그들은 거실에 있다.**
       (C) 그들은 마당에 있다.

   풀이 그림에서 두 사람이 거실에 있으므로 정답은 (B)이다.
   Words and Phrases yard 마당

9. (A) The girl is running.
   (B) **The girl is dancing.**
   (C) The girl is cooking.

   해석 (A) 소녀는 뛰고 있다.
       (B) **소녀는 춤을 추고 있다.**
       (C) 소녀는 요리하고 있다.

   풀이 그림에서 소녀는 춤을 추고 있으므로 정답은 (B)이다.
   Words and Phrases cook 요리하다

10. (A) He is watching TV.
    (B) He is walking his dog.
    (C) **He is listening to music.**

    해석 (A) 그는 TV를 보고 있다.
        (B) 그는 그의 개를 산책시키고 있다.
        (C) **그는 음악을 듣고 있다.**

    풀이 그림에서 남자아이가 음악을 듣고 있으므로 정답은 (C)이다.

Part C. Look and Respond (p.40)

11. Question: How does she feel?
    (A) She is happy.
    (B) She is tired.
    (C) **She is angry.**

    해석 질문: 그녀의 기분은 어떻습니까?
        (A) 그녀는 행복하다.
        (B) 그녀는 피곤하다.
        (C) **그녀는 화났다.**

    풀이 그림에서 소녀가 화나 보이므로 정답은 (C)이다.

12. Question: What is the boy doing?
    (A) **He is playing the piano.**
    (B) He is playing the cello.
    (C) He is playing the flute.

    해석 질문: 소년은 무엇을 하고 있습니까?
        (A) **그는 피아노를 연주하고 있다.**
        (B) 그는 첼로를 연주하고 있다.
        (C) 그는 플룻을 연주하고 있다.

    풀이 그림에서 소년은 피아노를 치고 있으므로 정답은 (A)이다.

13. Question: What is he doing?
    (A) He is playing tennis.
    (B) He is skiing.
    (C) **He is kicking a ball.**

    해석 질문: 그는 무엇을 하고 있습니까?
        (A) 그는 테니스를 치고 있다.
        (B) 그는 스키를 타고 있다.
        (C) **그는 공을 차고 있다.**

    풀이 그림에서 소년이 공을 차고 있으므로 정답은 (C)이다.

14. Question: What is he doing?
    (A) **He is washing his face.**
    (B) He is eating dinner.
    (C) He is running a race.

    해석 질문: 그는 무엇을 하고 있습니까?
        (A) **그는 세수를 하고 있다.**
        (B) 그는 저녁을 먹고 있다.
        (C) 그는 경주를 뛰고 있다.

    풀이 그림에서 소년이 세수를 하고 있으므로 정답은 (A)이다.
    Words and Phrases race 경주

15. Question: What is the weather like?
    (A) **It's windy.**
    (B) It's snowy.
    (C) It's rainy.

    해석 질문: 날씨가 어떻습니까?
        (A) **바람이 분다.**
        (B) 눈이 온다.
        (C) 비가 온다.

    풀이 그림에서 바람이 불고 있으므로 정답은 (A)이다.

Part D. Read and Retell (p.42)

[16]

Andy goes to school by bike. Andy's friend Sarah walks to school. Beth is Sarah's sister. She goes to school by bus.

16. How does Beth go to school?

    (A) on foot

    (B) by bus

    (C) by bike

해석 Andy는 학교에 자전거로 간다. Andy의 친구 Sarah는 학교에 걸어서 간다. Beth는 Sarah의 여동생이다. 그녀는 학교에 버스로 간다.

　16. Beth는 학교에 어떻게 갑니까?

　(A) 걸어서

　(B) 버스로

　(C) 자전거로

풀이 지문에서 Beth는 학교에 버스로 간다고 하였으므로 정답은 (B)이다.

[17-18]

I am Jose. My father teaches science at school. My mother is a nurse. My uncle is a cook. I want to be a cook like him. My aunt is a vet. She likes animals.

17. What does Jose's mother do?

    (A) She is a teacher.

    (B) She is a vet.

    (C) She is a nurse.

18. What does Jose want to be?

    (A) a teacher

    (B) a cook

    (C) a vet

해석 나는 Jose이다. 우리 아빠는 학교에서 과학을 가르친다. 우리 엄마는 간호사이다. 우리 삼촌은 요리사다. 나는 그처럼 요리사가 되고 싶다. 우리 이모는 수의사이다. 그녀는 동물을 좋아한다.

　17. Jose의 어머니는 무엇을 합니까?

　(A) 그녀는 선생님이다.

　(B) 그녀는 수의사다.

　(C) 그녀는 간호사다.

　18. Jose는 무엇이 되고 싶어 합니까?

　(A) 선생님

　(B) 요리사

　(C) 수의사

풀이 Jose의 어머니는 간호사라고 하였으므로 17번의 정답은 (C)이다. Jose는 삼촌처럼 요리사가 되고 싶다고 하였으므로 18번의 정답은 (B)이다.

Words and Phrases　nurse 간호사

[19-20]

I have three brothers. Tom is 13 years old. He plays basketball every day. Sam is 11 years old, and he likes baseball. Jim is 9 years old. Jim likes swimming.

19. What does Tom do everyday?

    (A) plays basketball

    (B) goes swimming

    (C) plays baseball

20. Who likes swimming?

    (A) Tom

    (B) Sam

    (C) Jim

해석 나는 3명의 형제가 있다. Tom은 13살이다. 그는 매일 농구를 한다. Sam은 11살이고 그는 야구를 좋아한다. Jim은 9살이다. 그는 수영을 좋아한다.

　19. Tom은 매일 무엇을 합니까?

　(A) 농구를 한다

　(B) 수영을 간다

　(C) 야구를 한다

　20. 누가 수영을 좋아합니까?

　(A) Tom

　(B) Sam

　(C) Jim

풀이 지문에서 Tom은 매일 농구를 한다고 하였으므로 19번의 정답은 (A)이다. Jim이 수영을 좋아한다고 하였으므로 20번의 정답은 (C)이다.

TOSEL PRE-STARTER

실전 3회

Section I Listening and Speaking

1 **(B)**	2 **(A)**	3 **(A)**	4 **(C)**	5 **(B)**
6 **(B)**	7 **(C)**	8 **(B)**	9 **(B)**	10 **(A)**
11 **(A)**	12 **(B)**	13 **(A)**	14 **(B)**	15 **(A)**

Section II Reading and Writing

1 **(A)**	2 **(C)**	3 **(C)**	4 **(B)**	5 **(A)**
6 **(A)**	7 **(A)**	8 **(B)**	9 **(B)**	10 **(C)**
11 **(C)**	12 **(A)**	13 **(B)**	14 **(A)**	15 **(A)**
16 **(A)**	17 **(B)**	18 **(B)**	19 **(A)**	20 **(C)**

SECTION I LISTENING AND SPEAKING

Part A. Listen and Recognize (p.47)

1. Boy: bananas
   (B)
해석 소년: 바나나
풀이 소년이 바나나라고 말했으므로 바나나가 있는 그림 (B)가 정답이다.

2. Girl: ladybug
   (A)
해석 소녀: 무당벌레
풀이 소녀가 무당벌레라고 했으므로 무당벌레가 있는 그림 (A)가 정답이다.
Words and Phrases ladybug 무당벌레

3. Boy: crayon
   (A)
해석 소년: 크레용
풀이 소년이 크레용이라고 했으므로 답은 (A)이다.

4. Boy: The boy is iceskating.
   (C)
해석 소년: 소년은 아이스 스케이트를 타고 있다.
풀이 소년이 아이스 스케이트를 타고 있다고 했으므로 답은 (C)이다.

5. Girl: The girl is drawing.
   (B)
해석 소녀: 소녀는 그림을 그리고 있다.
풀이 소녀가 그림을 그렸다고 했으므로 답은 (B)이다.

PART B. Listen and Respond (p.49)

6. Girl: How old are you?
   Boy: _____
   (A) No, thanks.
   (B) I'm eight years old.
   (C) I'm good.
해석 소녀: 너는 몇 살이니?
   소년: _____
   (A) 아니. 괜찮아.
   (B) 나는 8살이야.
   (C) 나는 좋아.
풀이 나이를 물어보았으므로 정답은 (B)이다.

7. Boy: Are you angry?
   Girl: _____
   (A) Yes, she is.
   (B) Why are you angry?
   (C) No, I'm not angry.
해석 소년: 너 화났니?
   소녀: _____
   (A) 맞아. 그녀는 그래.
   (B) 너는 왜 화가 났니?
   (C) 아니. 난 화 안 났어.
풀이 화가 났냐고 물었으므로 자신이 화나지 않았다고 대답한 (C)가 정답이다.

8. Girl: Do you have a robot?
   Boy: _____
   (A) No, I'm not.
   (B) No, I don't.
   (C) No, I can't.
해석 소녀: 너는 로봇을 갖고 있니?
   소년: _____
   (A) 아니, 난 아니야.
   (B) 아니, 난 안 갖고 있어.
   (C) 아니, 난 할 수 없어.
풀이 Do의문문에 대한 응답으로 do를 사용하여 대답한 (B)가 적절하다.

9. Boy: Is it cold outside?
   Girl: _____
   (A) I like cold water.
   (B) Not really.
   (C) It's a cool bag.
해석 소년: 밖에 춥니?
   소녀: _____
   (A) 난 차가운 물을 좋아해.
   (B) 아니 별로.
   (C) 멋진 가방이구나.
풀이 밖에 날씨가 추운지 물어보는 소년의 물음에 대한 응답으로 (B)가 적절하다.

10. Girl: What do you do after school?

Boy: _____

(A) I have violin lessons.

(B) I want to sleep.

(C) I go there by bus.

해석 소녀: 너는 학교 끝나고 무엇을 하니?

소년: _____

(A) 나는 바이올린 수업이 있어.

(B) 나는 자고 싶어.

(C) 나는 그곳에 버스로 가.

풀이 학교 끝나고 무엇을 하는지 물어 보았으므로 적절한 대답은 (A)이다.

Part C. Listen and Retell (p.51)

11. Girl: What color are your glasses?

Boy: They are blue.

Question: What color are the boy's glasses?

(A)

해석 소녀: 너의 안경은 무슨 색이니?

소년: 파란색이야.

질문: 소년의 안경은 무슨 색입니까?

풀이 안경이 파란색이라고 하였으므로 (A)가 정답이다.

12. Boy: Who is Annie?

Girl: She is my grandmother.

Question: Who is Annie?

(B)

해석 소년: Annie가 누구니?

소녀: 그녀는 내 할머니야.

질문: Annie가 누구입니까?

풀이 Annie가 소녀의 할머니라고 하였으므로 정답은 (B)이다.

13. Boy: How many pieces of candy do you have?

Girl: I have two.

Question: How many pieces of candy does the girl have?

(A)

해석 소년: 넌 사탕 몇 개를 갖고 있니?

소녀: 난 두 개를 갖고 있어.

질문: 소녀는 사탕을 몇 개를 갖고 있습니까?

풀이 소녀가 사탕을 두 개 갖고 있다고 하였으므로 (A)가 정답이다.

14. Girl: What time do you get up?

Boy: I get up at 7:30.

Question: What time does the boy get up?

(B)

해석 소녀: 너는 몇 시에 일어나니?

소년: 나는 7시 반에 일어나.

질문: 소년은 몇 시에 일어납니까?

풀이 소년이 7시 반에 일어난다고 하였으므로 답은 (B)이다.

15. Boy: Where is James?

Girl: He is at the supermarket.

Question: Where is James?

(A)

해석 소년: James는 어디에 있니?

소녀: 그는 슈퍼마켓에 있어.

질문: James는 어디에 있습니까?

풀이 James가 슈퍼마켓에 있다고 했으므로 정답은 (A)이다.

SECTION II READING AND WRITING

Part A. Spell the Words (p.54)

1. b_rd

(A) i

(B) e

(C) u

풀이 '새'를 뜻하는 영어단어 'bird'의 두 번째 철자가 'i'이므로 정답은 (A)이다.

2. sq_irrel

(A) a

(B) o

(C) u

풀이 '다람쥐'를 뜻하는 영어단어 'squirrel'의 세 번째 철자가 'u'이므로 정답은 (C)이다.

Words and Phrases squirrel 다람쥐

3. (A) firefiter

(B) pirefighter

(C) firefighter

풀이 '소방관'을 뜻하는 영어단어 'firefighter'을 올바르게 나열한 것은 (C)이다.

Words and Phrases firefighter 소방관

4. (A) baceball

(B) baseball

(C) beseball

풀이 '야구공'을 뜻하는 영어단어 'baseball'을 올바르게 나열한 것은 (B)이다.

5. (A) chair

(B) chiar

(C) chaer

풀이 '의자'를 뜻하는 영어단어 'chair'을 올바르게 나열한 것은 (A)이다.

Part B. Look and Recognize (p.56)

6. (A) She is angry.

(B) She is sleepy.

(C) She is happy.

해석 (A) 그녀는 화가 났다.

(B) 그녀는 졸리다.

(C) 그녀는 행복하다.

풀이 그림에서 여자가 화가 나 보이므로 정답은 (A)이다.

7. (A) He is in the restroom.

(B) He is in the yard.

(C) He is in the living room.

해석 (A) 그는 화장실에 있다.

(B) 그는 마당에 있다.

(C) 그는 거실에 있다.

풀이 그림에서 소년이 손을 씻고 있으므로 가장 적절한 답은 (A)이다.

8. (A) They are walking.

(B) They are watching TV.

(C) They are sleeping.

해석 (A) 그들은 걷고 있다.

(B) 그들은 TV를 보고 있다.

(C) 그들은 자고 있다.

풀이 그림에서 두 사람이 TV를 보고 있으므로 정답은 (B)이다.

9. (A) The card is on the chair.

(B) The card is under the desk.

(C) The card is in the bag.

해석 (A) 카드가 의자 위에 있다.

(B) 카드가 책상 밑에 있다.

(C) 카드가 가방 안에 있다.

풀이 그림에서 카드가 책상 밑에 있으므로 정답은 (B)이다.

10. (A) They play jump rope.

(B) They play badminton.

(C) They play basketball.

해석 (A) 그들은 줄넘기를 한다.

(B) 그들은 배드민턴을 한다.

(C) 그들은 농구를 한다.

풀이 그림에서 아이들이 농구를 하고 있으므로 정답은 (C)이다.

Part C. Look and Respond (p.58)

11. Question: How's the weather?

(A) It's chilly.

(B) It's foggy.

(C) It's sunny.

해석 질문: 날씨가 어떻습니까?

(A) 쌀쌀하다.

(B) 안개가 꼈다.

(C) 화창하다.

풀이 그림에서 날씨가 화창하므로 정답은 (C)이다.

Words and Phrases chilly 날씨가 쌀쌀한, 서늘한 foggy 안개가 낀

12. Question: What is the girl doing?

(A) She is exercising.

(B) She is playing the guitar.

(C) She is playing tennis.

해석 질문: 소녀는 무엇을 하고 있습니까?

(A) 그녀는 운동하고 있다.

(B) 그녀는 기타를 연주하고 있다.

(C) 그녀는 테니스를 치고 있다.

풀이 그림에서 소녀가 달리고 있으므로 정답은 (A)이다.

13. Question: What are they doing?

(A) They are singing.

(B) They are running.

(C) They are drawing.

해석 질문: 그들은 무엇을 하고 있습니까?

(A) 그들은 노래를 부르고 있다.

(B) 그들은 뛰고 있다.

(C) 그들은 그림 그리고 있다.

풀이 그림에서 아이들이 뛰고 있는 것처럼 보이므로 정답은 (B)이다.

14. Question: What is he doing?

(A) He is taking a picture.

(B) He is hiking on the mountain.

(C) He is looking at a picture.

해석 질문: 그는 무엇을 하고 있습니까?

(A) 그는 사진을 찍고 있다.

(B) 그는 등산을 하고 있다.

(C) 그는 그림을 보고 있다.

풀이 그림에서 남자가 사진을 찍고 있으므로 정답은 (A)이다.

15. Question: What time is it now?

(A) It's one thirty.

(B) It's one thirteen.

(C) It's three ten.

해석 질문: 지금 몇시입니까?

(A) 1시 30분이다.

(B) 1시 13분이다.

(C) 3시 10분이다.

풀이 그림에서 시계가 1시 30분을 가리키고 있으므로 정답은 (A)이다.

Part D. Read and Retell (p.60)

[16]

Branden likes apples. He eats an apple every morning. Josh hates apples. He loves grapes. Jane hates apples and grapes. She likes strawberries.

16. What does Jane like?

    (A) strawberries

    (B) apples

    (C) grapes

해석 Branden은 사과를 좋아한다. 그는 사과를 매일 아침마다 먹는다. Josh 는 사과를 싫어한다. 그는 포도를 좋아한다. Jane은 사과와 포도를 싫어한다. 그녀는 딸기를 좋아한다.

    16. Jane은 무엇을 좋아합니까?

    (A) 딸기

    (B) 사과

    (C) 포도

풀이 Jane이 딸기를 좋아한다고 하였으므로 정답은 (A)이다.

[17-18]

My name is Kelly. I have three best friends. We are in the same class. Sally is really tall. Sarah has long hair. Kate is very thin and cute.

17. Who has long hair?

    (A) Sally

    (B) Sarah

    (C) Kate

18. What does Sally look like?

    (A) thin

    (B) tall

    (C) cute

해석 내 이름은 Kelly이다. 나는 3명의 가장 친한 친구가 있다. 우리는 같은 반이다. Sally는 정말 키가 크다. Sarah는 긴 머리를 갖고 있다. Kate는 매우 날씬하고 귀엽다.

    17. 누가 긴 머리를 갖고 있습니까?

    (A) Sally

    (B) Sarah

    (C) Kate

    18. Sally는 어떻게 생겼습니까?

    (A) 날씬하다

    (B) 키가 크다

    (C) 귀엽다

풀이 지문에서 Sarah가 긴 머리를 갖고 있다고 하였으므로 17번의 정답은 (B)이다. Sally는 정말 키가 크다고 하였으므로 18번의 정답은 (B)이다.

Words and Phrases thin 날씬한

[19-20]

My name is Emily. I have a big family. My grandfather and grandmother live with me. They are teachers, and my dad is a businessman. My mom likes baking. I also have two brothers and a sister.

19. Who likes baking?

    (A) Mom

    (B) Dad

    (C) Grandmother

20. What does Dad do?

    (A) He is a teacher.

    (B) He is a baker.

    (C) He is a businessman.

해석 내 이름은 Emily이다. 우리 가족은 대가족이다. 우리 할아버지와 할머니가 나와 같이 산다. 그들은 선생님이고, 우리 아빠는 사업가이다. 우리 엄마는 빵 굽는 것을 좋아한다. 나는 또한 남동생 두 명과 여동생 한 명이 있다.

    19. 누가 빵 굽는 것을 좋아합니까?

    (A) 엄마

    (B) 아빠

    (C) 할머니

    20. 아빠는 무엇을 합니까?

    (A) 그는 선생님이다.

    (B) 그는 제빵사이다.

    (C) 그는 사업가이다.

풀이 지문에서 엄마가 빵 굽는 것을 좋아한다고 하였으므로 19번의 정답은 (A)이다. 아빠는 사업가라고 하였으므로 20번의 정답은 (C)이다.

Words and Phrases businessman 사업가

TOSEL PRE-STARTER
실전 4회

Section I Listening and Speaking
1 **(A)**   2 **(B)**   3 **(A)**   4 **(C)**   5 **(A)**
6 **(C)**   7 **(A)**   8 **(C)**   9 **(A)**   10 **(B)**
11 **(C)**   12 **(B)**   13 **(B)**   14 **(C)**   15 **(B)**

Section II Reading and Writing
1 **(C)**   2 **(A)**   3 **(B)**   4 **(C)**   5 **(A)**
6 **(B)**   7 **(C)**   8 **(B)**   9 **(A)**   10 **(C)**
11 **(B)**   12 **(A)**   13 **(B)**   14 **(C)**   15 **(C)**
16 **(B)**   17 **(A)**   18 **(A)**   19 **(B)**   20 **(C)**

SECTION I LISTENING AND SPEAKING

Part A. Listen and Recognize (p.65)

1. Boy: violin
  (A)
해석 소년: 바이올린
풀이 소년이 바이올린이라고 말했으므로 바이올린이 있는 그림 (A)가 정답이다.

2. Girl: nurse
  (B)
해석 소녀: 간호사
풀이 소녀가 간호사라고 했으므로 간호사가 있는 그림 (B)가 정답이다.

3. Boy: book
  (A)
해석 소년: 책
풀이 소년이 책이라고 했으므로 답은 (A)이다.

4. Girl: The girl is writing an e-mail.
  (C)
해석 소녀: 소녀는 이메일을 쓰고 있다.
풀이 소녀가 이메일을 쓰고 있다고 했으므로 답은 (C)이다.

5. Boy: The boy is eating a hamburger.
  (A)
해석 소년: 소년이 햄버거를 먹고 있다.
풀이 소년이 햄버거를 먹고 있다고 했으므로 답은 (A)이다.

PART B. Listen and Respond (p.67)

6. Girl: Do you like flowers?
  Boy: _____
  (A) It's okay.
  (B) Yes, here it is.
  (C) Yes, I do.
해석 소녀: 너는 꽃을 좋아하니?
  소년: _____
  (A) 괜찮아.
  (B) 응, 여기 있어.
  (C) 응, 난 좋아해.
풀이 Do 의문문에 대해 do를 사용하여 대답한 (C)가 가장 적절하다.

7. Boy: Who is Kathy?
  Girl: _____
  (A) She is my sister.
  (B) She is cooking.
  (C) She is sad.
해석 소년: Kathy가 누구니?
  소녀: _____
  (A) 그녀는 내 여동생이야.
  (B) 그녀는 요리하고 있어.
  (C) 그녀는 슬프다.
풀이 Kathy가 누구인지 물어보았으므로 (A)가 정답이다.

8. Girl: Is there a post office?
  Boy: _____
  (A) Yes, she is.
  (B) Yes, he is.
  (C) Yes, there is.
해석 소녀: 우체국이 있니?
  소년: _____
  (A) 응, 그녀가 있어.
  (B) 응, 그가 있어.
  (C) 응, 저기 있어.
풀이 우체국이 어디있는지 물어보았으므로 (C)가 적절하다.
Words and Phrases post office 우체국

9. Boy: Is this your bag?
  Girl: _____
  (A) Yes, it is.
  (B) She is from Japan.
  (C) It's a pen.
해석 소년: 이거 너의 가방이니?
  소녀: _____
  (A) 응, 맞아.
  (B) 그녀는 일본에서 왔다.
  (C) 그것은 펜이다.
풀이 소녀의 가방이 맞는지 확인하는 질문에 대한 응답으로 (A)가 적절하다.

10. Girl: What's your hobby?
    Boy: _____
      (A) He is a singer.
      (B) My hobby is baseball.
      (C) I'm very good.
해석 소녀: 너의 취미는 무엇이니?
      소년: _____
      (A) 그는 가수야.
      (B) 나의 취미는 야구야.
      (C) 나는 매우 좋아.
풀이 취미가 무엇인지 물어보았으므로 (B)가 정답이다.
Words and Phrases hobby 취미

Part C. Listen and Retell (p.69)

11. Girl: When do you go to school?
    Boy: At 8:30AM.
    Question: When does the boy go to school?
      (C)
해석 소녀: 너는 학교에 언제 가니?
      소년: 8시 30분에.
      질문: 소년은 언제 학교에 갑니까?
풀이 소년이 8시 30분에 학교에 간다고 하였으므로 정답은 (C)이다.

12. Boy: Where are you going, Dana?
    Girl: I'm going to the park.
    Question: Where is the girl going to?
      (B)
해석 소년: Dana야, 너 어디에 가니?
      소녀: 나는 공원에 가.
      질문: 소녀는 어디에 가고 있습니까?
풀이 소녀가 공원에 간다고 하였으므로 정답은 (B)이다.

13. Boy: How much is the colored pencil?
    Girl: It's 2 dollars.
    Question: How much is the colored pencil?
      (B)
해석 소년: 이 색연필은 얼마입니까?
      소녀: 2달러입니다.
      질문: 색연필은 얼마입니까?
풀이 색연필이 2달러라고 하였으므로 (B)가 정답이다.

14. Girl: What do you like?
    Boy: I like comic books.
    Question: What does the boy like?
      (C)
해석 소녀: 너는 무엇을 좋아하니?
      소년: 나는 만화책을 좋아해.
      질문: 소년은 무엇을 좋아합니까?
풀이 소년이 만화책을 좋아한다고 하였으므로 답은 (C)이다.

15. Boy: What color is the balloon?
    Girl: It's yellow.
    Question: What color is the balloon?
      (B)
해석 소년 : 풍선은 무슨 색이니?
      소녀 : 그것은 노란색이야.
      질문 : 풍선은 무슨 색입니까?
풀이 풍선이 노란색이라고 했으므로 정답은 (B)이다.
Words and Phrases balloon 풍선

SECTION II READING AND WRITING

Part A. Spell the Words (p.72)

1. ch_rch
     (A) a
     (B) i
     (C) u
풀이 '교회'를 뜻하는 영어단어 'church'의 세 번째 철자가 'u'이므로 정답
      은 (C)이다.
Words and Phrases church 교회

2. pen_uin
     (A) g
     (B) q
     (C) p
풀이 '펭귄'을 뜻하는 영어단어 'penguin'의 네 번째 철자가 'g'이므로 정답
      은 (A)이다.

3. (A) waret
   (B) wallet
   (C) waalt
풀이 '지갑'을 뜻하는 영어단어 'wallet'을 올바르게 나열한 것이 (B)이다.
Words and Phrases wallet 지갑

4. (A) sbway
   (B) sebwey
   (C) subway
풀이 '지하철'을 뜻하는 영어단어 'subway'를 올바르게 나열한 것이 (C)이다.
Words and Phrases subway 지하철

5. (A) guitar
   (B) tuigar
   (C) gtarui
풀이 '기타'를 뜻하는 영어단어 'guitar'를 올바르게 나열한 것이 (A)이다.

6. (A) He is playing basketball.

    (B) **He is playing baseball.**

    (C) He is playing volleyball.

해석 (A) 그는 농구를 하고 있다.

    (B) **그는 야구를 하고 있다.**

    (C) 그는 배구를 하고 있다.

풀이 그림에서 소년은 야구를 하고 있으므로 정답은 (B)이다.

Words and Phrases volleyball 배구

7. (A) He is in the kitchen.

    (B) He is in the living room.

    (C) **He is in the bathroom.**

해석 (A) 그는 부엌에 있다.

    (B) 그는 거실에 있다.

    (C) **그는 욕실에 있다.**

풀이 그림에서 소년은 욕실에 있으므로 정답은 (C)이다.

8. (A) The sofa is under the table.

    (B) **The sofa is next to the table.**

    (C) The sofa is on the table.

해석 (A) 소파는 탁자 밑에 있다.

    (B) **소파는 탁자 옆에 있다.**

    (C) 소파는 탁자 위에 있다.

풀이 그림에서 소파는 탁자 옆에 있으므로 정답은 (B)이다.

9. (A) **She is playing the flute.**

    (B) She is playing the cello.

    (C) She is playing the harp.

해석 (A) **그녀는 플룻을 연주한다.**

    (B) 그녀는 첼로를 연주한다.

    (C) 그녀는 하프를 연주한다.

풀이 그림에서 소녀는 플룻을 연주하고 있으므로 정답은 (A)이다.

10. (A) The girl is washing.

    (B) The girl is yawning.

    (C) **The girl is laughing.**

해석 (A) 소녀는 씻고 있다.

    (B) 소녀는 하품하고 있다.

    (C) **소녀는 웃고 있다.**

풀이 그림에서 소녀는 웃고 있으므로 정답은 (C)이다.

Words and Phrases yawn 하품하다

11. Question: What day is it today?

    (A) It's Tuesday.

    (B) It's Thursday.

    (C) It's Friday.

해석 질문: 오늘은 무슨 요일입니까?

    (A) 화요일이다.

    (B) **목요일이다.**

    (C) 금요일이다.

풀이 달력에서 목요일에 표시되어 있으므로 정답은 (B)이다.

12. Question: What is he wearing?

    (A) **He is wearing gloves.**

    (B) He is wearing glasses.

    (C) He is wearing a backpack.

해석 질문: 그는 무엇을 입고 있습니까?

    (A) **그는 장갑을 끼고 있다.**

    (B) 그는 안경을 쓰고 있다.

    (C) 그는 가방을 메고 있다.

풀이 그림에서 소년은 장갑을 끼고 있으므로 정답은 (A)이다.

Words and Phrases glove 장갑

13. Question: What is she doing?

    (A) She is washing her face.

    (B) **She is cleaning the house.**

    (C) She is closing the window.

해석 질문: 그녀는 무엇을 하고 있습니까?

    (A) 그녀는 세수를 하고 있다.

    (B) **그녀는 집을 치우고 있다.**

    (C) 그녀는 창문을 닫고 있다.

풀이 그림에서 소녀는 집을 청소하고 있으므로 정답은 (B)이다.

14. Question: What are they doing?

    (A) They are throwing balls.

    (B) They are painting pictures.

    (C) **They are jumping rope.**

해석 그들은 무엇을 하고 있습니까?

    (A) 그들은 공을 던지고 있다.

    (B) 그들은 그림을 그리고 있다.

    (C) **그들은 줄넘기를 하고 있다.**

풀이 그림에서 아이들은 줄넘기를 하고 있으므로 정답은 (C)이다.

15. Question: How's the weather outside?

    (A) It's raining.

    (B) It's sunny.

    (C) **It's snowing.**

해석 질문: 바깥 날씨는 어떻습니까?

    (A) 비가 온다.

    (B) 화창하다.

    (C) **눈이 온다.**

풀이 그림에서 눈이 오고 있으므로 정답은 (C)이다.

Part D. Read and Retell (p.78)

[16]

This is my friend, Oliver. He lives in my neighborhood. We go to the same school. He wants to become a scientist. He studies science very hard.

16. What does Oliver want to become?

(A) a police

(B) a scientist

(C) a teacher

해석 이 사람은 내 친구, Oliver이다. 그는 내 이웃이다. 우리는 똑같은 학교에 다닌다. 그는 과학자가 되고 싶어한다. 그는 과학을 열심히 공부한다.

16. Oliver은 무엇이 되고 싶어합니까?

(A) 경찰관

(B) 과학자

(C) 선생님

풀이 지문에서 Oliver은 과학자가 되고 싶어한다고 하였으므로 정답은 (B)이다.

Words and Phrases scientist 과학자 science 과학

[17–18]

My name is Charlie. I live with my two cousins. They are William and Daniel. William has brown hair, and he is short. Daniel is chubby, and he likes yellow T-shirts.

17. What color is William's hair?

(A) brown

(B) black

(C) gray

18. Who likes to wear a yellow T-shirt?

(A) Daniel

(B) Charlie

(C) William

해석 내 이름은 Charlie이다. 나는 두 명의 사촌과 살고 있다. 그들은 William 과 Daniel이다. William은 갈색머리를 갖고 있고 그는 키가 작다. Daniel 은 통통하고 노란색 티셔츠를 좋아한다.

17. William의 머리는 무슨 색입니까?

(A) 갈색

(B) 검은색

(C) 회색

18. 누가 노란색 티셔츠 입는 것을 좋아합니까?

(A) Daniel

(B) Charlie

(C) William

풀이 지문에서 William이 갈색 머리를 갖고 있다고 하였으므로 17번의 정답은 (A)이다. Daniel이 노란색 티셔츠를 좋아한다고 하였으므로 18번의 정답은 (A)이다.

Words and Phrases cousin 사촌 chubby 통통한

[19–20]

My name is Isabelle. I go to the theater every Sunday. I go there with my mother and father. My father likes action movies. My mother does not like action movies. She likes cartoons.

19. Who likes action movies?

(A) Isabelle

(B) Isabelle's father

(C) Isabelle's mother

20. What movies does Isabelle's mother like?

(A) romantic movies

(B) action movies

(C) cartoons

해석 내 이름은 Isabelle이다. 나는 매주 일요일마다 극장에 간다. 나는 우리 엄마와 아빠와 같이 그곳에 간다. 우리 아빠는 액션 영화를 좋아한다. 우리 엄마는 액션 영화를 좋아하지 않는다. 그녀는 만화를 좋아한다.

19. 누가 액션 영화를 좋아합니까?

(A) Isabelle

(B) Isabelle의 아빠

(C) Isabelle의 엄마

20. Isabelle의 엄마는 어떤 영화를 좋아합니까?

(A) 로맨스 영화

(B) 액션 영화

(C) 만화

풀이 지문에서 Isabelle의 아빠는 액션 영화를 좋아한다고 하였으므로 19번 의 정답은 (B)이다. 엄마는 만화를 좋아한다고 하였으므로 20번의 정답은 (C)이다.

Words and Phrases cartoon 만화 movie 영화

TOSEL PRE-STARTER

실전 5회

Section I Listening and Speaking

1 **(A)**	2 **(C)**	3 **(A)**	4 **(A)**	5 **(C)**
6 **(A)**	7 **(B)**	8 **(C)**	9 **(B)**	10 **(A)**
11 **(C)**	12 **(C)**	13 **(B)**	14 **(B)**	15 **(A)**

Section II Reading and Writing

1 **(A)**	2 **(C)**	3 **(A)**	4 **(A)**	5 **(A)**
6 **(A)**	7 **(A)**	8 **(B)**	9 **(B)**	10 **(B)**
11 **(A)**	12 **(B)**	13 **(A)**	14 **(A)**	15 **(C)**
16 **(B)**	17 **(C)**	18 **(A)**	19 **(C)**	20 **(A)**

SECTION I LISTENING AND SPEAKING

Part A. Listen and Recognize (p.83)

1. Boy: green

  (A)

해석 소년: 초록색

풀이 소년이 초록색이라고 말했으므로 그림 (A)가 정답이다.

2. Girl: five

  (C)

해석 소녀: 5

풀이 소녀가 5라고 했으므로 그림 (C)가 정답이다.

3. Boy: duck

  (A)

해석 소년: 오리

풀이 소년이 오리라고 했으므로 답은 (A)이다.

4. Boy: The boy is singing.

  (A)

해석 소년: 소년이 노래를 부르고 있다.

풀이 소년이 노래를 부르고 있다고 했으므로 답은 (A)이다.

5. Girl: The girl is running.

  (C)

해석 소녀: 소녀가 뛰고 있다.

풀이 소녀가 뛰고 있다고 했으므로 답은 (C)이다.

PART B. Listen and Respond (p.85)

6. Girl: Are you okay?

  Boy: _____

  (A) Yes, I'm okay.

  (B) You are great.

  (C) No, he isn't.

해석 소녀: 너 괜찮니?

  소년: _____

  (A) 응, 난 괜찮아.

  (B) 너는 대단해.

  (C) 아니. 그는 아니야.

풀이 소년이 괜찮은지 물어보았으므로 적절한 응답은 (A)이다.

7. Boy: Hi, I'm Ben.

  Girl: _____

  (A) Her name is Sarah.

  (B) I'm Jenny.

  (C) I know him.

해석 소년: 안녕. 나는 Ben이야.

  소녀: _____

  (A) 그녀의 이름은 Sarah야.

  (B) 나는 Jenny야.

  (C) 나는 그를 알아.

풀이 소년이 인사를 하며 이름을 말하였으므로, 소녀의 응답으로 (B)가 정답이다.

8. Girl: What does she do?

  Boy: _____

  (A) She is your mom.

  (B) She is 7 years old.

  (C) She is a nurse.

해석 소녀: 그녀는 무슨 일을 하시니?

  소년: _____

  (A) 그녀는 너의 어머니야.

  (B) 그녀는 7살이야.

  (C) 그녀는 간호사야.

풀이 그녀의 직업을 물어 보았으므로 (C)가 적절하다.

9. Boy: Can you ski?

  Girl: _____

  (A) Yes, I do.

  (B) Yes, I can.

  (C) Yes, I am.

해석 소년: 너는 스키를 탈 수 있니?

  소녀: _____

  (A) 응, 난 해.

  (B) 응, 난 할 수 있어.

  (C) 응, 난 그래.

풀이 Can 의문문에 대해 can을 사용하여 대답한 (B)가 정답이다.

10. Girl: I'm 8 years old. How old are you?

    Boy: _____

    (A) I'm 8 years old, too.

    (B) I'm great, thanks.

    (C) I'm sick today.

해석 소녀: 나는 8살이야. 너는 몇살이니?

    소년: _____

    (A) 나도 8살이야.

    (B) 난 좋아. 고마워.

    (C) 난 오늘 아파.

풀이 소년의 나이가 무엇인지 물어보았으므로 (A)가 정답이다.

Part C. Listen and Retell (p.87)

11. Girl: I'm making doughnuts.

    Boy: Looks yummy!

    Question: What is the girl making?

    (C)

해석 소녀: 나는 도너츠를 만들고 있어.

    소년: 맛있어 보여!

    질문: 소녀는 무엇을 만들고 있습니까?

풀이 소녀가 도너츠를 만들고 있다고 하였으므로 정답은 (C)이다.

12. Boy: Who is he?

    Girl: He is my uncle, Kevin.

    Question: Who is Kevin?

    (C)

해석 소년:그는 누구니?

    소녀: 그는 내 삼촌인 Kevin이야.

    질문: Kevin은 누구입니까?

풀이 소녀의 삼촌이 Kevin이라고 하였으므로 정답은 (C)이다.

13. Girl: What time do you go to bed?

    Boy: I go to bed at 9:00.

    Question: What time does the boy go to bed?

    (B)

해석 소녀: 너는 몇 시에 자니?

    소년: 나는 9시에 자.

    질문: 소년은 몇 시에 잡니까?

풀이 소년이 9시에 잔다고 하였으므로 (B)가 정답이다.

14. Boy: Where is Jessie?

    Girl: She is at the bakery.

    Question: Where is Jessie?

    (B)

해석 소년:Jessie는 어디에 있니?

    소녀: 그녀는 빵집에 있어.

    질문: Jessie는 어디에 있습니까?

풀이 Jessie가 빵집에 있다고 하였으므로 답은 (B)이다.

15. Boy: Is it raining?

    Girl: No, it's snowing.

    Question: How is the weather?

    (A)

해석 소년: 비 오니?

    소녀: 아니. 눈이 와.

    질문: 날씨가 어떻습니까?

풀이 비가 아닌 눈이 온다고 했으므로 정답은 (A)이다.

SECTION II READING AND WRITING

Part A. Spell the Words (p.90)

1. _rain

   (A) t

   (B) v

   (C) p

풀이 '기차'를 뜻하는 영어단어 'train'의 첫 번째 철자는 't'이므로 정답은 (A)이다.

2. j_ans

   (A) a

   (B) o

   (C) e

풀이 '청바지'를 뜻하는 영어단어 'jeans'의 두 번째 철자는 'e'이므로 정답은 (C)이다.

3. **(A) dolphin**

   (B) dolfin

   (C) dolphen

풀이 '돌고래'를 뜻하는 영어단어 'dolphin'을 올바르게 나열한 것은 (A)이다.

4. **(A) basketball**

   (B) baskitball

   (C) baskatball

풀이 '농구공'을 뜻하는 영어단어 'basketball'을 올바르게 나열한 것은 (A)이다.

5. **(A) kitchen**

   (B) kitchan

   (C) kichen

풀이 '부엌'을 뜻하는 영어단어 'kitchen'을 올바르게 나열한 것은 (A)이다.

Part B. Look and Recognize (p.92)

6. **(A) He is sick.**

   (B) He is angry.

   (C) He is happy.

해석 (A) 그는 아프다.

(B) 그는 화났다.

(C) 그는 행복하다.

풀이 그림에서 남자는 아파 보이므로 정답은 (A)이다.

7. (A) He is in the bedroom.

(B) He is in the classroom.

(C) He is in the bathroom.

해석 (A) 그는 침실에 있다.

(B) 그는 교실에 있다.

(C) 그는 욕실에 있다.

풀이 그림에서 소년은 침실에 있으므로 정답은 (A)이다.

8. (A) They are singing songs.

(B) They are drawing animals.

(C) They are listening to music.

해석 (A) 그들은 노래를 부르고 있다.

(B) 그들은 동물들을 그리고 있다.

(C) 그들은 음악을 듣고 있다.

풀이 그림에서 소녀 2명이 동물을 그리고 있으므로 정답은 (B)이다.

9. (A) The ball is on the bag.

(B) The ball is under the seesaw.

(C) The ball is in the hat.

해석 (A) 공은 가방 위에 있다.

(B) 공은 시소 아래에 있다.

(C) 공은 모자 안에 있다.

풀이 그림에서 공은 시소 아래에 있다. 따라서 답은 (B)이다.

10. (A) She is reading a book.

(B) She is writing a letter.

(C) She is speaking out loud.

해석 (A) 그녀는 책을 읽고 있다.

(B) 그녀는 편지를 쓰고 있다.

(C) 그녀는 크게 말하고 있다.

풀이 그림에서 소녀는 편지를 쓰고 있으므로 정답은 (B)이다.

Part C. Look and Respond (p.94)

11. Question: What month is it today?

(A) It's May.

(B) It's June.

(C) It's July.

해석 질문: 오늘은 무슨 달입니까?

(A) 5월이다.

(B) 6월이다.

(C) 7월이다.

풀이 달력이 5월이므로 정답은 (A)이다.

12. Question: What is he doing?

(A) He is playing the cello.

(B) He is playing the piano.

(C) He is playing the drums.

해석 질문: 그는 무엇을 하고 있습니까?

(A) 그는 첼로를 연주하고 있다.

(B) 그는 피아노를 연주하고 있다.

(C) 그는 드럼을 연주하고 있다.

풀이 그림에서 소년은 피아노를 치고 있으므로 정답은 (B)이다.

13. Question: What are they doing?

(A) They are iceskating.

(B) They are snowboarding.

(C) They are skiing.

해석 질문: 그들은 무엇을 하고 있습니까?

(A) 그들은 아이스 스케이트를 타고 있다.

(B) 그들은 스노우보드를 타고 있다.

(C) 그들은 스키를 타고 있다.

풀이 그림에서 아이들은 아이스 스케이트를 타고 있으므로 정답은 (A)이다.

14. Question: What is she doing?

(A) She is washing her hands.

(B) She is washing her face.

(C) She is washing her feet.

해석 질문: 그녀는 무엇을 하고 있습니까?

(A) 그녀는 손을 씻고 있다.

(B) 그녀는 세안을 하고 있다.

(C) 그녀는 발을 닦고 있다.

풀이 그림에서 소녀는 손을 씻고 있으므로 정답은 (A)이다.

15. Question: What time is it now?

(A) It's three thirty.

(B) It's four thirty.

(C) It's five thirty.

해석 질문: 지금은 몇시입니까?

(A) 3시 30분이다.

(B) 4시 30분이다.

(C) 5시 30분이다.

풀이 그림에서 시계는 5시 30분을 가리키고 있으므로 정답은 (C)이다.

Part D. Read and Retell (p.96)

[16]

Anna loves dancing ballet. She goes to her lesson every Monday. Daniel has guitar lessons on Tuesdays. Playing the guitar is his hobby. He is happy on Tuesdays.

16. What is Daniel's hobby?

(A) doing ballet

(B) playing the guitar

(C) playing soccer

해석 Anna는 발레를 하는 것을 좋아한다. 그녀는 매주 월요일마다 레슨을 간다. Daniel은 매주 화요일마다 기타레슨이 있다. 기타를 치는 것은 그의 취미이다. 그는 화요일마다 행복하다.

16. Daniel의 취미는 무엇입니까?

(A) 발레하기

(B) 기타 연주하기

(C) 축구하기

풀이 기타를 치는 것이 Daniel의 취미라고 했으므로 답은 (B)이다.

[17–18]

It is my birthday today. My birthday is in November. I have a baby sister, Dora. Her birthday is in May. She is only 6 months old.

17. What month is it?

(A) It's May.

(B) It's October.

(C) It's November.

18. How old is Dora?

(A) six months old

(B) sixteen months old

(C) six years old

해석 오늘은 내 생일이다. 내 생일은 11월에 있다. 나는 아기 여동생 Dora가 있다. 그녀의 생일은 5월에 있다. 그녀는 겨우 6개월밖에 안 되었다.

17. 오늘은 무슨 달인가?

(A) 5월이다.

(B) 10월이다.

(C) 11월이다.

18. Dora는 몇 살인가?

(A) 6개월이다.

(B) 16개월이다.

(C) 6살이다.

풀이 지문에서 소년의 생일은 11월이라고 하였으므로 17번의 정답은 (C)이다. Dora는 6개월 밖에 안 되었다고 하였으므로 18번의 정답은 (A)이다.

[19–20]

My name is Steve. My school ends at 1 o'clock. After school, I play on the seesaw with John. Emily likes playing on the slide. We all play on the swings together.

19. Who plays on the slide?

(A) Steve

(B) John

(C) Emily

20. What time does school end?

(A) 1 o'clock

(B) 2 o'clock

(C) 3 o'clock

해석 내 이름은 Steve이다. 우리 학교는 1시에 끝난다. 방과 후에 나는 John이랑 시소에서 논다. Emily는 미끄럼틀을 타는 것을 좋아한다. 우리 모두는 그네를 같이 탄다.

19. 누가 미끄럼틀을 탑니까?

(A) Steve

(B) John

(C) Emily

20. 학교는 몇 시에 끝납니까?

(A) 1시에

(B) 2시에

(C) 3시에

풀이 지문에서 Emily가 미끄럼틀을 타는 것을 좋아한다고 하였으므로 19번의 정답은 (C)이다. 학교는 1시에 끝난다고 하였으므로 20번의 정답은 (A)이다.

Words and Phrases slide 미끄럼틀 swing 그네

memo

memo

국제토셀위원회

TOSEL
실전문제집

PRE-STARTER